Motivação nas organizações

O GEN | Grupo Editorial Nacional – maior plataforma editorial brasileira no segmento científico, técnico e profissional – publica conteúdos nas áreas de ciências sociais aplicadas, exatas, humanas, jurídicas e da saúde, além de prover serviços direcionados à educação continuada e à preparação para concursos.

As editoras que integram o GEN, das mais respeitadas no mercado editorial, construíram catálogos inigualáveis, com obras decisivas para a formação acadêmica e o aperfeiçoamento de várias gerações de profissionais e estudantes, tendo se tornado sinônimo de qualidade e seriedade.

A missão do GEN e dos núcleos de conteúdo que o compõem é prover a melhor informação científica e distribuí-la de maneira flexível e conveniente, a preços justos, gerando benefícios e servindo a autores, docentes, livreiros, funcionários, colaboradores e acionistas.

Nosso comportamento ético incondicional e nossa responsabilidade social e ambiental são reforçados pela natureza educacional de nossa atividade e dão sustentabilidade ao crescimento contínuo e à rentabilidade do grupo.

CECÍLIA WHITAKER **BERGAMINI**

Motivação nas organizações

Nem todos fazem as mesmas coisas pelas mesmas razões

7ª Edição

A autora e a editora empenharam-se para citar adequadamente e dar o devido crédito a todos os detentores dos direitos autorais de qualquer material utilizado neste livro, dispondo-se a possíveis acertos caso, inadvertidamente, a identificação de algum deles tenha sido omitida.

Não é responsabilidade da editora nem da autora a ocorrência de eventuais perdas ou danos a pessoas ou bens que tenham origem no uso desta publicação.

Apesar dos melhores esforços da autora, do editor e dos revisores, é inevitável que surjam erros no texto. Assim, são bem-vindas as comunicações de usuários sobre correções ou sugestões referentes ao conteúdo ou ao nível pedagógico que auxiliem o aprimoramento de edições futuras. Os comentários dos leitores podem ser encaminhados à **Editora Atlas Ltda.** pelo e-mail faleconosco@grupogen.com.br.

Direitos exclusivos para a língua portuguesa
Copyright © 2018 by
Editora Atlas Ltda.
Uma editora integrante do GEN | Grupo Editorial Nacional

Reservados todos os direitos. É proibida a duplicação ou reprodução deste volume, no todo ou em parte, sob quaisquer formas ou por quaisquer meios (eletrônico, mecânico, gravação, fotocópia, distribuição na internet ou outros), sem permissão expressa da editora.

Rua Conselheiro Nébias, 1384
Campos Elísios, São Paulo, SP — CEP 01203-904
Tels.: 21-3543-0770/11-5080-0770
faleconosco@grupogen.com.br
www.grupogen.com.br

Designer de capa: Caio Cardoso
Editoração Eletrônica: EDEL

CIP-BRASIL. CATALOGAÇÃO NA PUBLICAÇÃO
SINDICATO NACIONAL DOS EDITORES DE LIVROS, RJ

B433m
7. ed.

    Bergamini, Cecília Whitaker
    Motivação nas organizações : nem todos fazem as mesmas coisas pelas mesmas razões / Cecília Whitaker Bergamini. - 7. ed. - São Paulo : Atlas, 2018.
    168p. : il. ; 23 cm.

    Inclui bibliografia
    ISBN 978-85-97-01759-5

    1. Administração de pessoal. 2. Recursos humanos. I. Título.

18-50051
                    CDD: 658.3
                    CDU: 005.95/.96

Leandra Felix da Cruz - Bibliotecária - CRB-7/6135

"Nem todos fazem as mesmas coisas pelas mesmas razões."

Apresentação

Autoestima significa que você se aceita como é
e continua se esforçando para melhorar cada vez mais.
É sentir um apreço saudável por si mesmo – suas melhores
qualidades e grandes conquistas – [...] significa amar
e valorizar a si mesmo, de verdade.

(Castro; Maria, 1998, p. 61)

Escrever um novo livro é, às vezes, menos complicado do que atualizar a edição de uma obra que já existe e que conta com outras edições publicadas desde 1986. De lá para cá, o tema motivação ganha centralidade e importância no âmbito do comportamento no trabalho.

No passado, em fins do século XX, tudo o que se esperava dos trabalhadores era que fossem absolutamente obedientes e seguissem à risca as ordens dos superiores. Hoje, o esperado é que sejam criativos para encontrar novas soluções para problemas antigos e mais complicados que surgiram como resultado da globalização e da nova tecnologia em franco desenvolvimento necessária à resolução de problemas de maior especialização. É preciso incorporar a diretriz de não repetir simplesmente as mesmas soluções a problemas antigos. Uma vez que já foi comprovado que as pessoas não fazem as mesmas coisas pelas mesmas razões, é hora de entender melhor por que se busca sentido naquilo que se faz – esse é o principal motivo para a ação.

Quando se precisa discorrer sobre um tema complexo que comporta múltiplas interpretações, nada melhor do que começar pela busca da origem da palavra. São tantos os usos do termo *motivação*, que existe grande variedade de conotações diferentes a respeito do seu significado. Algumas vezes, esse uso comporta algo que nada tem a ver com o verdadeiro sentido de seu conteúdo. Por isso, esta nova edição se tornou imperativa, com o objetivo de atualizar a sua perspectiva, o seu conteúdo e ampliar a sua abrangência.

Apresentação

No caso da motivação para o trabalho, muito do seu significado cobre o atendimento das necessidades econômicas voltadas à sobrevivência. Aqui a motivação se transforma em uma explicação cujo verdadeiro valor foi passado para o segundo plano, considerando que não seja necessário estar motivado para trabalhar. Dessa maneira, a motivação passa a ser entendida como se parte do esqueleto social tenha sido fragmentado, bem como a dinâmica tradicional do desenvolvimento dos recursos pessoais e dos pontos fortes de cada um tenha perdido sua razão de existir.

As empresas representadas pelos seus dirigentes aceitam de maneira assertiva que elas existem para cumprir metas e chegar a determinados objetivos que explicam sua sobrevivência. Algumas organizações são negativamente atingidas quando seus trabalhadores as caracterizam como entidades nas quais não há motivação. Os empregados precisam do salário para viver e as empresas, por sua vez, necessitam do envolvimento deles para não desaparecerem.

Fernández-Aráoz, C. (2009, p. 251) aponta alguns resultados da atitude que troca o esforço humano por dinheiro, propondo que "embora o dinheiro seja um fato importante, as evidências do poder inerente do 'pagamento por desempenho' são surpreendentemente inconclusivas", não comprovam tal dependência. Tudo aquilo que está fora de qualquer um nada tem a ver com sua motivação. Nenhuma pesquisa até hoje comprovou a dependência necessária entre retribuição financeira e esforço humano despendido.

Levy-Leboyer, C. (1994, p. 50) considera que a "consciência de que a obrigação de trabalhar não é nem instintiva nem inata", por isso é que muitas vezes se advoga que não há necessidade de se estar motivado para trabalhar. É, sim, possível passar muitos anos dentro de uma organização rolando a vida para a frente, sem que se tenha grande necessidade de atender aos próprios objetivos. Trabalha-se na empresa para ser recompensado e fora dela pela busca de outro tipo de satisfação pessoal. Trabalhar se transforma numa atividade cujo valor em si foi passado para segundo plano, podendo até ser uma espécie de fonte de mal-estar. Perscrutando o íntimo das pessoas desmotivadas, descobre-se um abismo inexpugnável entre aquilo que esperavam ser e aquilo que realmente são.

Para Deci, E. L. (1998, p. 38), no momento em que as pessoas afirmam "que o dinheiro motiva, o que realmente querem dizer é que o dinheiro controla". Dessa maneira, as pessoas se alienam de si mesmas, perdendo sua vitalidade e seu entusiasmo, estão "perdendo contato consigo mesmas" quando se tornam controladas por recompensas monetárias e demais benefícios extrínsecos.

Com a ausência da motivação em fazer algo de útil, desaparece o significado que o trabalho possa ter, o que consagra a proposta de Sievers, B. (1990, p. 120) e implica o "conhecimento da relação do mundo interior de cada um, seus sonhos, esperanças e ansiedades". Não há como sair dessa prisioneira falta de perspectiva e encontrar seu verdadeiro *eu* no trabalho.

Sem ligação nenhuma com as promessas de prêmios ou ameaças de punição, o trabalho representa uma fonte de oportunidade com a qual cada um conta para atender não tanto a expectativa de sobrevivência física, mas principalmente àquelas menos palpáveis que são os anseios e o desejo pessoal de identidade. Aqueles que se identificam com seu trabalho estão naturalmente dispostos a produzir, contribuir para o progresso ao fazer dele uma obra útil. Isso tem o sentido de uma "afirmação da própria liberdade e identidade". Considerando como um desejo normal que repousa sobre o potencial das pulsões motivacionais e impele no sentido da realização personificando envolvimento que é reconhecido pela observação da conduta evidente. A motivação para o trabalhador pode ser sua melhor fonte de autorrealização; sem ela, é fácil perder-se o autoconhecimento.

Dizer que o dinheiro motiva é admitir que se esteja sendo controlado. Estar motivado não é ser controlado pelo ambiente, muito pelo contrário. O controle é um tipo de coerção na qual se usa a força para conseguir que alguém faça algo e se comporte da maneira como se deseja. Nesse caso, usá-lo é mais simples e rápido, mas não existe comprometimento nem durabilidade do seu efeito. Para se conseguir novo comportamento, é forçoso lançar mão do oferecimento de novos prêmios ou promessa de castigos. Descarta-se assim o fato de que a pessoa tenha direito de tirar partido de sua motivação intrínseca e ser autêntica.

No avesso do controle está a motivação que pressupõe autonomia de escolha, tornando-se necessário ser autêntico consigo mesmo e mergulhar o mais fundo possível na via que leva ao autoconhecimento. Estar motivado é lutar pela própria felicidade e depende tão somente de cada um. Ninguém conseguirá fazê-lo para ninguém.

Lograr êxito na própria motivação pela escolha do caminho é condição para nutrir a própria autoestima. No dizer de Castro, A. P. e Maria, V. J. (1998, p. 70), "fortalecer sua autoestima é uma das coisas mais importantes que você pode fazer por si mesmo". Os autores enfatizam ainda que "tanto a felicidade quanto a mudança devem vir de dentro". É necessário começar o quanto antes a trabalhar nessa direção.

As pessoas precisam estar preparadas para esse mergulho fundo até o âmago de si mesmas e estarem corajosamente dispostas a não negar nada daquilo que possam chegar a ver, por mais difícil que seja encarar certos aspectos menos brilhantes da sua personalidade. Tedlow, R. S. (2012, p. 41) fala que a "capacidade de negar é um fenômeno incrivelmente humano". Trata-se de um fenômeno "muitas vezes sem explicação disponível". A negação de algo que não se deseja ver é o que se caracteriza por "sabermos das coisas, mas não termos consciência desse conhecimento", o que equivale saber e não saber ao mesmo tempo.

Apresentação

Lowe, S. (2015, p. 198) termina seu livro assim: "seja original e seja você mesmo" e, mais que nada, "seja grato por tudo o que há de bom em sua vida agora e a observe tornar-se cada vez melhor dia a dia". Dessa maneira, "acredite que seu futuro começa agora". Busque sempre perseguir mais de perto as imposições da globalização e do avanço tecnológico.

A maneira de se sair bem em um mundo que encolheu seu tamanho não é a mesma de quando era necessário apurar os ouvidos para ouvir notícias que já tinham acontecido há muito tempo. O bombardeio de informações constrói uma realidade que se tornou estressante. É bem por isso que, quanto mais se possa desbloquear a força da motivação que sempre existiu no interior de cada um, mais fácil será tornar-se consciente do próprio potencial. É preciso saber o que fazer com o recurso dos pontos fortes que vivem no interior de cada um.

A Autora

Sumário

Apresentação, vii

1 Como entender a motivação, 1
A cenoura na ponta da vara, 3
Substituição da cenoura, 6
Reconhecimento motivacional, 7
O que não é motivação, 10
Pagamento por desempenho, 14
As diferentes faces da motivação, 15
Conhece-te a ti mesmo, 18

2 O disfarce da motivação, 21
Motivação e manipulação, 22
Manipulação organizacional, 25
Manipular é mais fácil, 27
Reforçadores do comportamento, 28
Perigos do condicionamento, 29
Prêmios que punem o comportamento, 30
Cuidado com a premiação, 34
Motivação representa recomeço, 35
Perfis de personalidade profissional: reconhece o seu?, 36
Ninguém é igual a ninguém, 38
Aparecimento da motivação, 40
Disfarce da motivação, 42
Seja aquilo que você é, 47

3 Motivação consciente, 51
Razão e motivação, 53
O líder que motiva, 56
Armadilhas da motivação consciente, 57
A falsa motivação, 59
Criar motivação, 61

Motivação e trabalho, 64
Satisfação e insatisfação motivacional, 65
Um final feliz, 67

4 Ninguém motiva ninguém, 71

Instinto – fonte de motivação, 75
Instinto e frustração, 76
A força da motivação, 78
Cada motivo tem seu lugar, 79
Cenouras e chicotes, 82
A emoção da motivação, 84
Motivação inconsciente, 87
O mundo inconsciente nas organizações, 90
Patologia emocional, 92
Vínculos sociais, 93

5 Estilos de motivação, 97

Cada um tem seu estilo próprio, 98
Estilo motivacional LEMO, 101
Estilo certo no lugar certo, 103
Levantamento de Estilos Motivacionais (LEMO), 104
Combinação de estilos, 107
O sistema LIFO de Atkins e Katcher, 109

6 Os segredos da motivação, 113

A doença motivacional, 115
O peso do trabalho, 117
Obrigação da empresa, 121
Falta de motivação, 124
Motivação para liderar, 125
Motivação normal, 127

Conclusões, 133

Atenção com a vida, 138
Finalmente..., 139

Referências, 143

1
Como entender a motivação

- ✓ A cenoura na ponta da vara
- ✓ Substituição da cenoura
- ✓ Reconhecimento motivacional
- ✓ O que não é motivação
- ✓ Pagamento por desempenho
- ✓ As diferentes faces da motivação
- ✓ Conhece-te a ti mesmo

Somos mais cegos do que pensamos.
Num mundo complexo e imutável, o
processo de tentativa e erro é essencial.
Isso é verdade, quer aproveitemos
conscientemente ou simplesmente
nos permitamos ser jogados de um
lado para outro pelos resultados.

(Harford, T. 2015)

Capítulo 1

Há muito, a motivação humana vem sendo pesquisada diante da constante indagação a respeito do porquê as pessoas fazem aquilo que fazem. A motivação para o trabalho, então, é considerada por executivos e administradores um problema. Caso se aprofunde o conhecimento dos problemas que mais frequentemente afligem as pessoas no trabalho, a resposta será: falta de motivação. A história passada de qualquer um acumula erros e mais erros que foram se sucedendo e se avolumando sem que os próprios problemáticos desmotivados nem seus líderes desmotivadores os tivessem percebido a tempo.

> *A motivação para o trabalho é considerada por executivos e administradores um problema.*

Muitos daqueles que emitiam seus pareceres não científicos a respeito desse assunto em muito não compreenderam o verdadeiro sentido do tema.

Esse uso equívoco desvirtuou o sentido da autêntica motivação. Como tudo aquilo que se conhece sobre o homem, a sua motivação pessoal ou a falta dela também tem sua origem e sua história. Para fazer seja lá o que for, é preciso estar motivado para tanto. A origem da força para agir se dá no interior de cada um e leva o ser humano a cumprir o sentido da própria vida.

> *A origem da força para agir se dá no interior de cada um e leva o ser humano a cumprir o sentido da própria vida.*

Permanecerem estagnadas, sem evolução e crescimento, é um dos grandes perigos das organizações nas quais as pessoas não estão motivadas. Sisodia, R. S.; Sheth, J. N.; Wolfe, D. B. (2008, p. 214) propõem que a desejável "energia organizacional é gerada e liberada quando as pessoas são estimuladas emocional e intelectualmente pela visão e pelos valores da empresa". Sendo benéfico a todos, o clima organizacional deve ser caracterizado por entusiasmo e alegria, uma vez que as pessoas precisam ter orgulho das suas atividades. Quando essa sinergia é baixa, fica evidente a falta de energia do comportamento, caracterizado "pela apatia, pela inércia, pela rigidez e pelo cinismo", que compõem o quadro típico da falta de motivação.

No momento, surge no cenário organizacional o conceito de sustentabilidade como mais um recurso no qual as organizações se apoiam para reverter a realidade atual, como dizem Ulrich, D. e Smallwood, N. (2013, p. 29-35), ao mencionarem o mundo atual, que "se torna cada vez mais complexo, conforme a tecnologia transforma acontecimentos globais em notícias locais". Essa necessidade de sustentabilidade exige que os líderes estejam aptos para "enfrentar a complexidade não apenas do mundo que os circunda". É necessário ir mais além, "priorizar os comportamentos que mais importam e

> *É necessário ir mais além, priorizar os comportamentos que mais importam e entrar em ação.*

entrar em ação". Espera-se fazer com que as coisas fluam, mas para tanto é indispensável querer que a vida saia do menos para chegar ao mais.

A cenoura na ponta da vara

Há muito tempo, deixou-se de acreditar que motivação seja algo que pode ser estimulado pelo uso de premiações ou ameaça de punições vindas do meio ambiente. As empresas investigaram tudo aquilo que pudesse estimular as pessoas a produzirem mais e melhor. Poucos entenderam o verdadeiro sentido das propostas contidas na teoria da Administração Científica de Taylor, quando ele sugere que seja pago ao operário certo valor estipulado pelas peças produzidas. Nela, entendeu-se que o dinheiro conseguiria aumentar a produtividade, embora essa não tenha sido a intenção de Taylor.

Antes da Revolução Industrial, a maneira mais frequentemente usada para motivar aqueles que trabalhavam consistia em lançar mão de ameaças de punições, criando dessa forma um ambiente de medo. Menos frequente era a promessa de recompensas, prêmios e favores especiais àqueles que procedessem como esperado. Tanto num caso como no outro, sempre existiu algo que estava sendo oferecido, para se conseguir que aqueles que trabalhavam cumprissem o que lhes fora atribuído. Acreditou-se firmemente que essa maneira de tratar as pessoas traria como resultado retornos recompensadores.

Executivos em geral, gerentes e administradores, além de buscarem atrair pessoas mais produtivas, deveriam ainda conseguir que esses empregados utilizassem a totalidade do seu potencial de competências, na intenção de maximizar a produção. O objetivo de produzir mais para aumentar lucros teve

> *Antes da Revolução Industrial, a maneira mais frequentemente usada para motivar aqueles que trabalhavam consistia em lançar mão de ameaças de punições, criando dessa forma um ambiente de medo.*

precedência absoluta sobre quaisquer outras das metas das empresas nessa época.

A Revolução Industrial dos fins do século XIX caracterizou-se por oferecer maior segurança para quem trabalhasse mais. Até então, os operários saíam pela manhã sem saber se teriam trabalho naquele mesmo dia. Ao chegar à porta da fábrica, alguns eram escolhidos e outros eram dispensados, podendo voltar para casa e tentar sua sorte novamente no dia seguinte. Recebendo por peça produzida, como propôs Taylor, cada um poderia planejar seus gastos futuros e nesse sentido procurava esforçar-se por produzir mais a cada dia. Esses

> *A administração das empresas mostrava aceitar a crença de que o trabalho não poderia oferecer senão a provisão do sustento no dia a dia.*

Capítulo 1

procedimentos deveriam oferecer maior segurança. A administração das empresas mostrava aceitar a crença de que o trabalho não poderia oferecer senão a provisão do sustento no dia a dia. O sentido do trabalho fica restrito a um processo de trocas, onde o esforço pessoal é trocado pela subsistência.

Surgem executivos partidários da Administração Científica, que pelos idos de 1911 apontaram a importância da necessidade de conforto físico e segurança no trabalho. Para eles, o atendimento dessas duas necessidades básicas deveria ser a principal forma de atingir níveis bem maiores de produtividade. As operações no trabalho foram se tornando cada vez mais simples e repetitivas, os cargos foram sendo fracionados em seus menores movimentos. As atividades desenvolvidas pelos trabalhadores deveriam ser menos complexas, favorecendo com isso maior produtividade. Como disse Taylor, F. W. (1976, p. 40), "entre os vários métodos e instrumentos utilizados em cada operação, há sempre um método mais rápido e um instrumento melhor que os demais". Resolver da melhor forma o problema do atendimento dessas necessidades era a busca constante do "Pai da Administração Científica". Para ele (p. 111), "muitos operários estão sempre desejosos de trabalhar com maior rapidez desde que se lhes dê um acréscimo de ordenado", para que fossem financeiramente recompensados pelo esforço. O trabalho representa apenas um meio de ganhar o próprio sustento, e não um fim em si.

A substituição das ameaças de punições pelo dinheiro ilustra a crença de que ele fosse a principal fonte de incentivo ao trabalho. A maioria daqueles que trabalhavam optaria por seus empregos não tanto por gostar de certo tipo de trabalho, mas principalmente pelo fato de ele trazer maior retorno financeiro. O conceito de motivação, nesse contexto, parece ter sido simplificado ao extremo, o que levou à aceitação de um pressuposto simples: quanto mais se trabalha, mais se produz e quanto mais se produz, mais se ganha; por conseguinte, maior será a motivação.

> *A substituição das ameaças de punições pelo dinheiro ilustra a crença de que ele fosse a principal fonte de incentivo ao trabalho.*

Executivos e administradores acreditaram que aqueles que trabalhassem e seguissem à risca tudo que estivesse previsto seriam recompensados por ganhos maximizados. Michel, S. (1994, p. 18) também possui opinião semelhante a respeito da motivação pelo ganho e afirma: "Taylor considera que a única motivação do assalariado é o salário", o que teve forte impacto sobre a forma de tratar as pessoas dentro das organizações em fins do século XIX e começo do século XX. Parecia absolutamente certo que, pagando bem, todos os problemas humanos estariam resolvidos definitivamente e maior produtividade seria assegurada.

Thomas, K. W. (2010, p. 3) diz que "os funcionários são emotivos e precisam ser controlados" para que sejam obedientes, uma vez que "são pobres e não lhes daremos dinheiro e trabalho se não obedecerem". Essa parecia ser a maneira mais eficaz de conseguir produtividade das pessoas, bem como a melhor qualidade do produto final.

O inesperado ocorreu. Em meio a esse ambiente de incentivo à produtividade remunerada, os trabalhadores logo perceberam que estavam arriscando sua própria permanência nas organizações, poderiam receber salários bem maiores no curto prazo, mas em futuro próximo isso iria requerer um menor número de trabalhadores. Os premiados optaram, então, por adotar um ritmo de trabalho mais lento, que teve como resultado menor produtividade, garantindo assim sua permanência no emprego. Um segundo tipo de objetivo motivacional para Taylor era a busca de segurança de não perder a fonte de sustento, garantindo-a por quanto tempo fosse possível.

Recompensas e controles, para Deci, E. L. (1998, p. 58), podem acelerar a produtividade, mas esses recursos trazem o risco de levar a resultados até certo ponto negativos, por exemplo,

> *Taylor considerava que a única motivação do assalariado era o salário.*

"desenvolver uma tendência de fazer somente aquilo que era pago para ser feito e possivelmente até se engajar em sabotagem sutil". Esse tipo de motivação é chamado pelo autor de extrínseco, e representa uma distorção dos objetivos motivacionais. Trata-se de um recurso que pode ser considerado como uma forma de manipulação e controle comportamental e que, embora mais fácil de ser utilizado, provoca respostas mais rápidas, mas não se mantém.

Concomitantemente à revolução introduzida pela Administração Científica, surge Elton Mayo, que inaugura a Escola de Relações Humanas, como uma espécie de reação à posição da Administração Científica. Sua principal tônica foi ressaltar a importância de considerar a pessoa na sua totalidade. Mayo propõe que a melhor maneira de motivar os empregados reside na ênfase do comportamento de interação social. Os administradores e supervisores adotaram como consequência uma reação de aceitação e abertura frente às pessoas, o que demonstra a importância delas no trabalho. A estratégia administrativa escolhida deveria promover o reconhecimento do valor de cada um, facilitando que as pessoas sentissem os benefícios de uma convivência grupal harmônica que visava ao atendimento das necessidades interpessoais. Foi dado à "cenoura" um novo aspecto, que apregoava o tipo de gestão conhecida como "portas abertas", que promovia ao máximo um convívio social agradável.

Para os teóricos da Escola de Relações Humanas, os trabalhadores deveriam conhecer de forma tão ampla e profunda quanto possível tudo que dissesse respeito à sua organização, gozando da abertura suficiente para

> *Mayo propõe que a melhor maneira de motivar os empregados reside na ênfase do comportamento de interação social.*

Capítulo 1

emitir opiniões pessoais que eram valorizadas. "O desafio para os gerentes era reconhecer as necessidades dos trabalhadores e a poderosa influência que os grupos de trabalho podem ter sobre a produtividade individual e organizacional", como defende Dubrin (2003, p. 11), "estava lançada a pedra fundamental da Escola de Relações Humanas nas organizações", que reza pelo credo do bom relacionamento interpessoal.

Substituição da cenoura

Na década de 1950, Douglas McGregor traz à tona a ideia de que a autorrealização personifica um novo representante dos fatores motivacionais. Surge a noção de maturidade motivacional, na qual a busca da autorrealização representa o nível mais alto dessa maturidade. O próprio McGregor afirma que emprestou essa ideia do seu colega da Universidade de Brandeis, Maslow, ao aceitar a sequência dos fatores motivacionais sob forma de pirâmide.

> *Surge a noção de maturidade motivacional, na qual a busca da autorrealização representa o nível mais alto dessa maturidade.*

Sisodia, R. S., Sheth, J. N. e Wolfe, D. B. (2008, p. 235) dizem que Abraham Maslow, por sua vez, inspirou-se na hierarquia proposta por McGregor com relação às necessidades de trocas afetivas no terceiro nível que ele especifica como "amar e pertencer". Essas necessidades estão "acima das necessidades fisiológicas e de segurança". Para os autores, aquilo que chamam de "empresas mais queridas" está mais voltado às "necessidades de níveis mais altos". Essas empresas "primam por criar um ambiente de pertencer e ser aceito pelo grupo". Dessa vez, a cenoura é trocada pela motivação do grupo de colaboradores e por sua interação social.

É natural a cada um buscar maior maturidade motivacional e, caso não se consiga chegar lá, é porque a organização da qual se faz parte não ofereceu condições para tanto. McGregor, D. (1980, p. 48) afirma que, se as pessoas não conseguem satisfazer as suas necessidades mais importantes por meio do trabalho, comportam-se "com indolência, passividade, má vontade em aceitar responsabilidade, resistência à mudança, tendência a aderir aos demagogos, exigências exageradas de benefícios econômicos". Para a Escola de Relações Humanas, o ser humano é por natureza laborioso e produtivo, o que deu origem àquilo que hoje é conhecido como teoria "Y", em contraposição às bases teóricas da Administração Científica, que considera o ser humano indolente e passivo e foi denominada teoria "X".

Sisodia, R. S., Sheth, J. N. e Wolfe, D. B. (2008, p. 137) apontam que "Maslow descreve pessoas autorrealizadas como aquelas que atingiram alto nível de maturidade, saúde e autossatisfação". Fora desse modelo, as organizações podem estar vivendo "em estado de psicopatologia". Essas "culturas são repletas de medo e de paranoia". Elas estão fazendo "um esforço contínuo e imaturo por gratificação a curto prazo", mesmo que possam estar sendo prejudicadas a longo prazo.

> *Maslow descreve pessoas autorrealizadas como aquelas que atingiram alto nível de maturidade, saúde e autossatisfação.*

Todas essas teorias que privilegiavam apenas um único fator de motivação, seja ele o dinheiro, o relacionamento social ou a autorrealização, aos poucos foram se mostrando inadequadas como explicação capaz de oferecer maior segurança na escolha de um tipo de filosofia de gestão organizacional. A complexidade foi considerada por certos autores, como Meignez, R. (1965, p. III): "tudo se passa como se os homens fossem decididamente um pouco mais problemáticos em seu funcionamento natural do que as máquinas no seu funcionamento artificial". Outras possíveis soluções continuaram a ser perseguidas, porém tomando por base um referencial teórico mais abrangente. Embora a motivação tenha sido muito valorizada ao longo do tempo, muitos foram os que a pesquisaram, mas não conseguiram concordância satisfatória.

Reconhecimento motivacional

É a motivação quem faz cada um pôr em ação os seus recursos pessoais, especialmente seus pontos fortes. Para Kovacs, M. J. (2015, p. 65), ela representa estar vivo quando se afirma "desafiar, romper limites é o grito de vida". É possível considerá-la por isso como "a identidade de um novo ser que rompe barreira, extravasa limites para configurar os contornos da própria identidade". Isso permite a cada um "viver a vida nos seus extremos" – aproveitando a oportunidade de aprender a cada minuto o que seja realmente ser feliz.

O entusiasmo pela eficácia organizacional tirou do ser humano algumas das suas características mais essenciais. Para atingir essa eficácia, as organizações precisam contar com recursos, sejam financeiros, produtivos, técnicos e assim por diante. Tentando unificar conceitos, alguns teóricos passaram a considerar que a motivação deve contar também com os recursos das pessoas enquanto potencial produtivo. Nasce uma nova terminologia. As pessoas passaram a ser consideradas como Recursos Humanos dos quais as empresas podem dispor. Dada a natureza subjetiva da motivação, ela é impalpável e assim não se pode medi-la, portanto essa abordagem deixa ainda a desejar com vistas a um aproveitamento

> *É a motivação quem faz cada um pôr em ação os seus recursos pessoais, especialmente seus pontos fortes.*

Capítulo 1

mais amplo dos recursos e das competências humanas. As pessoas eram considuradas apenas um entre os recursos dos quais se podiam lançar mão, como insumos produtivos, fontes financeiras, tecnologia e assim por diante.

Foram amplamente explorados os receituários divulgados pelos Manuais de Administração de Recursos Humanos, considerando que o empregado se deixasse administrar da mesma forma como se administravam os demais insumos produtivos. Esqueceu-se que, de todos os componentes das organizações, só o homem não pode ser decifrado pelo uso dos manuais, uma vez que cada um é único e sem réplica no universo. Não se pode esquecer também que, dentre os seres vivos, o homem é o único que tem conhecimento e consciência de si e daquilo que está à sua volta. Mais do que qualquer outro ser vivo, o homem é o único que tem o privilégio de dispor do livre-arbítrio.

> *Dada a natureza subjetiva da motivação, ela é impalpável e assim não se pode medi-la.*

Alguns indivíduos não se deixam condicionar, pois já estão motivados por um conjunto mais complexo de necessidades, metas e objetivos que se combinam, determinando assim sua identidade motivacional. Cada pessoa contribuirá a seu modo na consecução dos objetivos organizacionais. As pessoas trazem dentro de si um potencial de forças motivacionais, portanto, querer motivá-las não tem sentido. Aquilo que se pode fazer é simplesmente desbloquear a força do seu potencial de motivação e para isso é preciso não desmotivá-las, mas oferecer meios de usar seus pontos fortes com maior frequência, proporcionando recursos que lhes permitam exercer suas atividades de maneira naturalmente eficaz. A motivação do ser humano deve ser concebida como um reduto de forças guardado no interior de cada um, que tem o potencial para energizar seu comportamento. Etimologicamente, motivação vem de motivo para a ação.

Como diz Vergara, S. C. (2003, p. 42) a respeito daquilo que chama de processos motivacionais: "Ninguém motiva ninguém", isso porque aquilo "que os de fora podem fazer é estimular, incentivar e provocar essa motivação". Portanto, a energia para a ação motivada não vem de fora, mas de dentro. O que vem de fora não motiva as pessoas, apenas condiciona o aparecimento de uma ação, como no caso em que uma superfície muito quente condiciona a retirada rápida da mão.

> *A motivação do ser humano deve ser concebida como um reduto de forças guardado no interior de cada um, que tem o potencial para energizar seu comportamento.*

Pereira, J. C. (2016, p. 7) ilustra o caráter interior da motivação ao afirmar que "somos , todos os dias, testados nas nossas capacidades e, sem que percebamos, nós nos reerguemos das quedas e recomeçamos". Para o autor, isso leva a ter que recomeçar, "mas o recomeço nem sempre é fácil". É necessário "força, resistência, ou em outras palavras é preciso aquilo que chamamos de resiliência". Dessa forma, é preciso conhecer-se, adaptar-se para não "sucumbir". Só se pode chegar aí usando os recursos pessoais de forma consciente, ou seja, alocando-os onde renderão mais.

Há organizações reconhecidas por "perceber que contratar, desenvolver e reter funcionários certos pode representar uma fonte significativa de vantagens competitivas", como propõem Sisodia, D., Sheth, J. N. e Wolfe, D. B. (2008, p. 113). Isso permite que sejam promovidos "recursos e os serviços necessários a fim de preparar nossas pessoas para serem vencedores, apoiarem o crescimento e a lucratividade da empresa". A função de Recursos Humanos é essencial para aquelas empresas que "são exemplares recrutadoras, gerentes empreendedoras e motivadoras de talentos humanos". Isso denota "um profundo entendimento do que as pessoas buscam em sua vida profissional". Os empregados não são mais vistos como "recursos semelhantes ao capital, à tecnologia e assim por diante" (p. 112). Eles "sabem como construir pontes de empatia na mente das pessoas". A presença atuante dos executivos de mais alto nível nesse momento é imprescindível.

A verdadeira satisfação motivacional está necessariamente ligada também às "experiências de escolhas", que para Thomas, K. W. (2010, p. 43) são carregadas "de emoção, porque o sentido da escolha é intrinsecamente recompensador". Essa opção é voluntária e consciente. É algo que cada um faz, sem que nada fora dele o tenha levado a isso. O autor ressalta que se trata de "poder usar sua inteligência; usar a melhor linha de ação e usar com eficácia o seu tempo". Essa satisfação se difunde no interior de cada um.

Nem todo comportamento que as pessoas exibem foi causado por impulsos motivacionais. É indispensável que se tenha bem claro aquilo que representa a diferença entre comportamento autônomo e controlado. Não só eles são diferentes, mas também são praticamente o avesso um do outro. A autonomia passa a existir quando alguém está no comando das próprias ações, sentindo liberdade para fazer qualquer coisa segundo a própria vontade. Para o autor, as pessoas estão "inteiramente dispostas a fazer o que estão fazendo". É por isso que "elas abraçam a atividade com senso de interesse e comprometimento"; sendo autênticas, suas "ações emanam do verdadeiro senso de si mesmas porque estão sendo autênticas" e assim continuarão seu caminho.

Quando são controladas, "as pessoas agem pressionadas". Nesse caso, suas ações carecem de "um senso de endosso pessoal". Aquilo que fazem "não é a expressão do seu ser". Muitas situações

> *Nem todo comportamento que as pessoas exibem foi causado por impulsos motivacionais.*

são fonte de controle e as pessoas podem não se dar conta do quanto estão alienadas.

Para Thomas, K. W., a automotivação "está no coração da criatividade, do comportamento saudável e da mudança duradoura". Buscando sempre contar com pessoas produtivas e colher os benefícios dessa predisposição, grande parte das organizações tem posto em prática um número significativo de estratégias voltadas à direção de pessoas. Algumas delas mostram ter algum valor, mas algumas não atingiram os resultados desejados. Isso só ocorre por falta de conhecimento a respeito daquilo que caracteriza a verdadeira motivação.

A razão da motivação atual tem seus alicerces plantados no passado. É na evolução da história da vida emocional que se pode explicar a existência atual de certo tipo de busca de determinados objetivos. Estar motivado para o trabalho depende do significado que cada um atribui a ele, o que leva cada um a exercer com naturalidade seu poder criativo, atendendo seu próprio referencial de autoidentidade e autoestima. Os objetivos pessoais e organizacionais precisam conviver em harmonia e se complementar.

> *Estar motivado para o trabalho depende do significado que cada um atribui a ele.*

Sisodia, D., Sheth, J. N. e Wolfe, D. B. (2008, p. 102) salientam que o papel a ser desempenhado pelas organizações para chegar ao ponto em que as pessoas trabalhem motivadas, propondo que elas "enfatizam a importância de um ambiente de trabalho corporativo, produtivo e repleto de significados". Elas acreditam que ele "representa um fator-chave para atrair, motivar e reter empregados" que darão o "melhor de si". As pessoas estão "levando seu trabalho a sério", executando-o com "senso de humor". Exibem um tipo de "concentração relaxada" sem estarem "tensas ou nervosas", o que permitirá maximizar "o potencial de cada empregado". Essa motivação, quando acontece, determina o referencial competitivo na maioria das organizações mais produtivas, segundo o relato de várias obras sobre o assunto.

O que não é motivação

Como a produtividade aumenta, mesmo que seja por pouco tempo, logo após a concessão de algum aumento na remuneração ou qualquer tipo de outro benefício, as pessoas relutam em aceitar que esses fatores não têm o poder de motivar alguém. Mas sentir-se melhor não garante, necessariamente, aumento de satisfação motivacional. Como é menos trabalhoso dar prêmios ou ameaçar com promessa de castigo, a crença no poder motivacional do salário rapidamente ganhou a simpatia de executivos e dirigentes organizacionais em vários países do mundo todo.

Omitindo as fontes de pesquisa, muitos autores mantêm firme a crença de que o salário deve ser considerado como um importante fator de motivação. A irresponsabilidade criada pela grande atratividade dessa ideia reside na simplificação ao extremo a respeito da explicação do que seja um comportamento motivado. Oferecer bons e crescentes salários parece representar uma forma de manter pessoas motivadas trabalhando. Dado o estímulo, isto é, mais dinheiro, vem a resposta correspondente, que é mais trabalho. Com o passar do tempo, os resultados obtidos dessa forma de lidar com as pessoas não atingiram o esperado efeito, mas causaram mais problemas e não trouxeram soluções válidas.

Um dos mais conhecidos pesquisadores da motivação intrínseca, Deci, E. (1998, p. 36) diz que com certeza "o dinheiro é uma força poderosa". É bem por isso que "as pessoas estão predispostas a se engajarem em uma ampla variedade de atividade por dinheiro".

> *Muitos autores mantêm firme a crença de que o salário deve ser considerado como um importante fator de motivação.*

Como resultado, elas "se arrastam para trabalhar em empregos que odeiam, pois precisam do dinheiro". Enquanto estão motivadas pelo dinheiro "estão diminuindo sua motivação intrínseca". Esse é o grande perigo ao se defender o dinheiro como fator capaz de motivar quem trabalha.

Experimentos feitos em universidades americanas mostram que as pessoas que trabalham incentivadas apenas por recompensas extrínsecas, no geral, apresentam desempenho pior do que aquelas que estão intrinsecamente motivadas pela tarefa que desempenham. Muito provavelmente, essas pessoas não estejam vendo sentido na tarefa pela qual são remuneradas. Vergara, S. C. (2003, p. 66) afirma que se "alguém se sente predominantemente motivado por fatores econômico-financeiros é devido às suas possibilidades em termos de aquisição de bens e serviços". Caso o "trabalho lhe proporcione benefícios dessa ordem, é possível que nele não encontre significado". Não se trata do dinheiro em si, mas dos benefícios que ele permite adquirir.

Kohn, A. (1998, p. 59) não deixa de mencionar os efeitos negativos das recompensas extrínsecas. Para ele, esses "incentivos terão efeitos danosos no desempenho" nas seguintes circunstâncias: "quando a tarefa não é suficientemente interessante para o sujeito" e, em segundo lugar, "quando a solução da tarefa se apresenta em aberto", não sendo "imediatamente óbvio". Nesses dois casos, o oferecimento dessas recompensas se transforma numa "fonte supérflua de motivação". O autor chega mesmo a considerar que em certas circunstâncias os prêmios extrínsecos podem até mesmo reduzir significativamente a motivação intrínseca. Para Kohn, esse tipo de "reforço geralmente não altera as atitudes e o comprometimento emocional subjacente aos comportamentos". Como resultado, "não promovem mudanças profundas e duradouras porque visam afetar apenas o que se faz". Esse é o tema brilhantemente explorado pelo filme *Laranja mecânica*, produção britânica do americano Stanley Kubrick, em 1971.

> *Para Kohn, o reforço extrínseco geralmente não altera as atitudes e o comprometimento emocional subjacente aos comportamentos.*

Capítulo 1

Quando a punição ou a premiação vêm na hora errada, podem criar grandes dificuldades; como explica Thomas K. W. (2010, p. 160), "salientar incentivos salariais tende a insultar os funcionários que estão comprometidos com o objetivo da tarefa". Dessa forma, é possível acabar com a motivação real. A organização deve oferecer uma remuneração justa e esquecer-se do artifício de qualquer premiação extra.

Como esclarece Levy-Leboyer, C. (1994, p. 43), "o verbo *motivar* não pode existir sem complemento". Muitos gestores organizacionais pensam ter pessoal motivado, como se isso estivesse propondo uma "qualidade permanente distribuída de forma homogênea". Conclui que "não existe o pequeno gênio da motivação que transforme cada um de nós em trabalhador zeloso ou nos condene a ser o pior de todos os preguiçosos". Um indivíduo é motivado por determinada circunstância e em uma atividade específica buscando atingir certo objetivo.

É preciso ir além daquilo que se é capaz de fazer e parar antes que se caia numa situação de estresse por causa do excesso de trabalho – é necessário ter sempre presente a importância de não deixar que a vida de trabalho invada a vida pessoal. Bruce, J., Shatté, A. e Perlman, A. (2015, p. 173) avisam que "o desequilíbrio entre o trabalho e vida pessoal é, de longe, o elemento ambiental que causa o maior nível de estresse na maioria das pessoas". Esse desequilíbrio leva a estados desconfortantes como "muita ansiedade, muita frustração, muita culpa e muita vergonha". No afã de ganhar mais, a pessoa se esquece dos próprios limites.

Infelizmente, é grande o número de pessoas que não presta a devida atenção nisso. Na prática, há exemplos de pessoas ricas que não se sentem felizes. Muitas delas chegam a cometer verdadeiros atos de autossabotagem e até atos suicidas que estragam a felicidade que o dinheiro poderia trazer.

Mckee, A. (2017, p. 66-69) considera que o "trabalho excessivo nos suga para uma espiral de negatividade". Sabe-se que "mais trabalho causa mais estresse; o aumento do estresse faz com que diminua a velocidade do cérebro"; sem dúvida, "compromete nossa inteligência emocional". Como resultado, "menos criatividade e habilidades para ficar com pessoas prejudicam nossa capacidade de realização". Não se pode negar o valor da motivação intrínseca como um recurso de estabilização pessoal.

Thomas, K. W. (2010, p.10) aponta que aqueles que "recebem recompensas intrínsecas diretamente do trabalho que realizam", sem dúvida, estarão satisfazendo "prazeres como orgulho de suas habilidades ou a sensação de que estão realmente ajudando aqueles para quem trabalham". Esse tipo de motivação persiste por si mesmo e pode durar a vida toda. É preciso, tanto por parte das pessoas como de seus líderes, atenção para que nada de extrínseco a destrua, como, por exemplo, mudar de cargo para ganhar mais. Muitas vezes, se promove alguém por merecimento para um novo cargo que não atende às expectativas motivacionais dessa pessoa. O autor defende que a participação ativa daquele que trabalha na sua alocação dentro do quadro de pessoal é um fator de autogestão que "começa quando você se dedica a um objetivo significativo", planeja e elege "atividades para alcançá-lo". É aquilo que o autor chama de monitoramento da "competência de nosso desempenho". As empresas necessitam da criatividade dos seus colaboradores na resolução de problemas maiores do que simplesmente atacar e cumprir ordens.

Como transmite Pouiller, F. (2012, p. 86-89) a partir da entrevista que fez com alguém na sua reportagem *Felicidade dá lucro?*: "No momento em que os bens materiais nos dominam, ficamos incapazes de participar de atividades que poderiam aumentar a sensação de felicidade." Essa felicidade é uma experiência subjetiva, caracterizando-se como um "estado mental e não com o saldo bancário". Motivação e felicidade são asseguradas quando a opção e a satisfação interior estão acima de tudo, ficando o mundo das coisas que se podem obter em segundo plano. Como é proposto na reportagem, aquilo que verdadeiramente importa não tem nada a ver com o dinheiro, "mas com o autoconhecimento, a busca de um objetivo na vida e a valorização de cada dia".

> *Mckee considera que o trabalho excessivo nos suga para uma espiral de negatividade.*

O autor afirma que o "dinheiro é ótimo e absolutamente necessário". Apesar dessa introdução, aponta que "trabalhar por dinheiro será sempre uma motivação inadequada", apesar de que "muitas empresas agem como se, depois de ter oferecido algum dinheiro aos funcionários, tivesse concluído a tarefa de ligar as pessoas às suas metas". Isso soa como se seu pessoal aceitasse pacificamente ser controlado pela organização.

Não é fácil utilizar um sistema de premiação. Pensa-se levianamente que um prêmio não faça mal, mas, pelo contrário, ele pode desorganizar comportamentos que eram produtivos e torná-los problemáticos. Em seu livro *A hora da verdade*, Jan Carlzon, que reergueu a Scandinavian Airlines System, usa premiação, todavia com um sentido especial. Fica claro que os presentes que oferece aos empregados têm sentido simbólico de mostrar apenas que ele se sente satisfeito pelo esforço, mas não de retribuir a qualquer tipo de ganho pelo esforço feito. Grande parte das funções organizacionais não é passível do tipo de mensuração quantitativa como o trabalho de uma secretária ou de um engenheiro de projetos, por exemplo. Adotar premiação para uns e não para todos parece igualmente injusto.

Hamer, M. (2007 p. 43-50) aponta que aferir o desempenho é delicado e exige cuidados especiais, mostrando que "a medição do desempenho operacional continua sendo um problema insolúvel". Muitas pessoas não avaliam corretamente aquilo que realmente interessa e que possa ajudar as empresas "a melhorar sua *performance* e atingir objetivos estratégicos". Não é tão fácil reconhecer

> *Motivação e felicidade são asseguradas quando a opção e a satisfação interior estão acima de tudo.*

Capítulo 1

o quanto do comportamento dos funcionários melhora ou piora, transformando-se em resultado concreto. Aliado a esse aspecto, surge o prejuízo ocasionado pelo subjetivismo tanto do avaliador como do próprio avaliado.

Levinson, H. (2005, p. 76) reforça a crítica da avaliação de desempenho afirmando que ela não leva em conta "as necessidades e os desejos individuais". Por isso, ela gera "sentimentos de culpa poderosos e paralisantes", tornando "muito difícil para a maioria dos executivos fazer críticas construtivas aos subordinados". Para o autor, "o impulso mais poderoso de um indivíduo está em suas necessidades, desejos e aspirações pessoais" (p. 86). Caso não se possa fazer essa complementaridade, é preciso substituí-lo por alguém que tenha "necessidades mais sintonizadas com as da empresa".

> *Para Levinson, o impulso mais poderoso de um indivíduo está em suas necessidades, desejos e aspirações pessoais.*

Pagamento por desempenho

Muitos dirigentes têm dificuldade em aceitar que as variáveis extrínsecas são perigosas, pois não acreditam que alguém não possa motivar quem quer que seja. Como diz Thomas, K. W. (2010, p. 9), "recompensas extrínsecas eram uma solução fácil para a motivação na era da obediência", quando o comportamento se caracterizava por ser extremamente repetitivo e automático, quando os administradores vigiavam os operários direta e atentamente, o que já não é possível no presente. No início do século XX, ainda sob a visão tayloriana, não se poderia aceitar que recompensas e punições não funcionassem. O ser humano luta para defender sua identidade e valor pessoal, por isso não aceita ser tratado da mesma forma como é feito ao outro que não ele.

No entender de Hamel, G. e Breen, B. (2008, p. 11), no início do século XX, sob os paradigmas da visão taylorista, combateu-se "o desperdício de movimento, tarefas mal projetadas, padrões de desempenho complacentes". Nessa época, na maioria das organizações "o controle era exercido por meio de procedimentos operacionais padrão, supervisão rígida, definição detalhada de funções". Ignorando a diferença entre as pessoas, submeteram-nas "à disciplina, mas também sufocaram muito a inovação, a criatividade e a paixão". Esse clima é magistralmente ilustrado por Chaplin em seu *Tempos modernos* e no filme *A classe operária vai ao paraíso*, de Elio Petri (Itália, 1971).

Devido à importância cada vez maior do ser humano, o interesse pelo comportamento motivacional no trabalho, no decorrer destas últimas três décadas, tem atingido níveis inegavelmente elevados. Basta que se repasse o material sobre comportamento humano produzido por especialistas na última década. Alguns autores propõem, de forma assertiva, que muitas vezes o fracasso da maioria de nossas empresas não está na falta de conhecimento técnico, e sim na maneira de lidar com as pessoas. Há muito ainda a aprender com as pessoas criativas no trabalho. O chefe de qualquer um é a principal autoridade que consegue manter ou destruir a motivação daqueles que trabalham com ele.

Para Cury, A. (2014, p. 113), o cuidado a ser protagonizado pelos superiores é que em um "mundo competitivo e consumista, ou aprendemos a ser seres humanos ou seremos máquinas de trabalhar". É necessário conhecer-se bem e em primeiro lugar para não fazer de si uma espécie de "máquina de chefiar".

Por mais que se tenha conseguido sofisticar os recursos que visam aos procedimentos de escolha, treinamento e desenvolvimento, bem como as formas de compensação das pessoas no trabalho, algumas empresas mostram continuar enfrentando não só os antigos como também os novos problemas propostos pela globalização da economia, cada vez mais complexa e competitiva. Com a globalização e a tecnologia da informação, o mundo parece ter encolhido seu tamanho, mas as interrogações com respeito às pessoas mostram ter se ampliado.

Pflaeging, N. (2009, p. 178) afirma que as "empresas em todas as partes do mundo continuam apostando os seus bens em um embuste!". Quanto mais as organizações se apoiem nesse recurso que o autor chama de embuste, como uma tentativa de aumentar o gosto pelo trabalho, mais graves serão os problemas. O aparente e curto regozijo por um aumento de salário ou pelo recebimento de uma gratificação é considerado pelo autor como uma "motivação artificial", e esse tipo de incentivo ao esforço tem "efeito pernicioso". As pessoas deixam de sentir prazer pelo trabalho em si. Esse desagrado pode crescer como uma bola de neve em pouco tempo.

> *O aparente e curto regozijo por um aumento de salário ou pelo recebimento de uma gratificação é considerado por Pflaeging como uma motivação artificial.*

As diferentes faces da motivação

Segundo Weiner, B. (1992, p. 2), os psicólogos especialistas em motivação são aqueles que observam e avaliam aquilo que um indivíduo está fazendo, isto é, a sua escolha comportamental; quanto tempo demora para esse indivíduo dar início a essa atividade quando há oportunidade, isto é, a *latência do comportamento*; o quanto de força esse indivíduo devota de si a essa atividade, isto é, sua *intensidade*; qual o intervalo de tempo durante o qual cada um permanece em atividade, que é sua *persistência*; bem como aquilo que ele está sentindo antes, durante e depois de sua reação comportamental, isto é, sua *reação emocional*. Não faz nenhum sentido usar opiniões ou crendices oferecidas por leigos no assunto.

A motivação individual sofre variações ao longo do tempo, pois quando uma necessidade motivacional é atendida, ela desaparece, dando origem a novos estados

Capítulo 1

de carência oriundos de outras necessidades cuja natureza é diferente. Logo que o animal tem sua fome saciada, procura a sombra de uma árvore onde possa repousar. Essa é uma exigência que solicita constante atenção por parte daqueles que acreditam na viabilidade da predisposição motivacional.

Como diz Cashman, K. (2011, p. 195), uma "motivação acontece quando experimentamos emocionalmente razões positivas e persuasivas de fazer algo". Isso acontece também "como as razões dolorosas de evitar uma consequência desvantajosa". Ela se concretiza por meio de comportamentos de busca e luta por alguma coisa, como aparece no filme *Meu tio da América*, de Alain Resnais. Para evitar a perda de equilíbrio, o resultado de forças interiores predispõe aos mecanismos de luta e fuga que Alain Resnais propõe em sua obra cinematográfica magistral, aproveitando as bases científicas propostas por Henri Laborit, famoso médico e filósofo francês.

> *Uma motivação acontece quando experimentamos emocionalmente razões positivas e persuasivas de fazer algo.*

Segundo ele, existem quatro tipos de comportamento: consumo, punição, gratificação e inibição. O comportamento do consumo atende às necessidades básicas, como a da alimentação. O de punição, fuga ou luta, a fim de evitar uma experiência desagradável. O de gratificação é a tentativa de repetir uma experiência prazerosa. O de inibição é a inação diante de uma situação estressante. O filme propõe uma das bases para compreensão das doenças psicossomáticas, que relacionam o comportamento dos indivíduos com determinadas patologias, como úlcera e outras. Somente o conhecimento do tipo de carência que compõe a realidade motivacional levará à caracterização da consequência de busca.

Levinson, H. (2005, p. 76-99) adverte para o perigo da avaliação de desempenho, recurso amplamente utilizado para se conhecer a qualificação pessoal e profissional daqueles que trabalham. Para ele, a grande importância desse procedimento é servir como a oportunidade de "aconselhamento aos subordinados". Todavia, em muitos casos ela criou problemas por não levar "em conta as aspirações dos funcionários", limitando-se àquilo "que os funcionários fazem em serviço". Levinson usa a obra de Douglas McGregor para elucidar como o avaliador, em muitos casos, se sente pouco à vontade "em assumir o papel de Deus emitindo julgamentos sobre o valor de uma pessoa". Isso representa uma séria restrição a esse procedimento tão frequentemente colocado em prática.

Não raro, dentro das organizações, são tomadas medidas de caráter pouco específico, como critérios de premiação por produtividade, configuração de cargos, distribuição de responsabilidades, normas de conduta e regulamentos, sem levar em conta a realidade típica de cada um. Nesse caso, a utilização de manuais para aprender como se deve lidar com as pessoas é absolutamente inócua. Se os manuais funcionam para administrar outros insumos, como os financeiros, produtivos e mercadológicos, no caso das pessoas é inútil e danoso consultá-los. Não se podem impor regras gerais de como gerir melhor as pessoas, pois elas não fazem as mesmas coisas pelas mesmas razões.

Como propõem Schermerhorn Jr., J., Hunt, J. G. e Osborn, R. N. (1999, p. 58), a "diversidade da força de trabalho é a presença de características humanas individuais que tornam uma pessoa diferente da outra". Justamente a principal riqueza a ser conseguida é administrar essa enorme variedade de características pessoais, fazendo com que as diferentes "perspectivas e contribuições" atendam ao "senso geral de visão e identidade". Flexibilidade e sensibilidade daquilo que ocorre é o sangue que corre para manter vivas as organizações ao longo dos anos.

A predisposição motivacional considerada como um dos elementos integrantes das estruturas internas da personalidade pode ser reconhecida pela observação do comportamento aparente, compondo assim parte da fisionomia individual que é a *persona*

> *Não se podem impor regras gerais de como gerir melhor as pessoas, pois elas não fazem as mesmas coisas pelas mesmas razões.*

ou expressão da máscara que cada um mostra de si durante a vida. Aquilo que se chama de estilo do comportamento motivacional é também um fator indicativo das tendências individuais. Trata-se do comportamento que cada um exibe e que permite reconhecer características particulares nesse processo da sua busca de satisfação. Durante um bom tempo, as atividades do treinamento visavam à modificação do comportamento humano para que as pessoas se adaptassem ao trabalho. Devido a muitos fracassos desses procedimentos, chegou-se a uma nova perspectiva – é necessário mudar os procedimentos no trabalho para que ele seja consentâneo à peculiaridade individual de quem o executa.

No entender de Fernández-Aráoz, C., Groysberg, B. e Nohrita, N. (2011, p. 44-51), a autoavaliação, embora útil, traz riscos, uma vez que "as pessoas superestimam o próprio potencial". Os autores alegam que uma das "melhores ferramentas para avaliar o potencial são referências e entrevistas comportamentais". Sabendo das dificuldades no uso da avaliação, esses pesquisadores defendem o ponto de vista de que tão importantes "quanto os métodos empregados é a pessoa que conduz a avaliação". Essa atividade "deve incluir o aprendizado autodirigido e outras formas de capacitação". Tais cuidados mostram como é delicada a preparação de avaliadores e avaliados.

Sirota, D., Mischkind, L. A. e Meltzer, M. I. (2006, n.p.) afirmam: "A maioria das empresas faz tudo errado. O que nos leva à conclusão de que elas não precisam realmente aprender a motivar seus funcionários. Apenas devem parar de desmotivá-los." Quando nada se consegue com as medidas que foram tomadas, complicando ainda mais o ajustamento das pessoas, alguns procedimentos devem ser revistos. Cabe aqui relembrar os maléficos modismos como o *downsizing*, cujos

Capítulo 1

resultados nefastos se fazem sentir até hoje. O ajustamento humano é viável na medida em que se consegue avaliar e caracterizar as diferentes formas de interação da personalidade com seu meio de trabalho.

> *As empresas não precisam realmente aprender a motivar seus funcionários. Apenas devem parar de desmotivá-los.*

O tipo de trabalho deve ser redesenhado, segundo as características de quem vai executá-lo, e não esperar que as pessoas mudem para se ajustar às solicitações motivacionais exigidas por ele. Trata-se de uma visão ingênua do ser humano tentar, através dos recursos de treinamento, que ele se modifique para adaptar-se ao que deve fazer.

Para Gazzaniga, M. S. e Heatherton, T. F. (2005, p. 471), "a *personalidade* se refere às características, respostas emocionais, pensamentos e comportamentos do indivíduo que são relativamente estáveis ao longo do tempo em diferentes circunstâncias". O estudo dessa personalidade visa compreender *as pessoas em sua totalidade.*

Conhece-te a ti mesmo

O ritmo acelerado das solicitações de mudança, na atualidade, tem complicado a adaptação das pessoas. Cloke, K. e Goldsmith, J. (2005, p. VII) apontam que "a mudança é, no momento, constante, os conflitos que invariavelmente a acompanham podem ser vistos por toda a parte". O estresse pelo qual passam as pessoas em suas solicitações de trabalho tem dificultado o seu ajustamento e determinado seu desgaste. Estudos bastante recentes sobre a psicopatologia do comportamento humano no trabalho têm buscado a prevenção de conflitos entre o indivíduo e a organização. É evidente a dificuldade de chegar a qualquer tipo de mudança mais profunda na maneira de ser das pessoas. O êxito só ocorre quando se respeita o sentido que cada um atribui àquilo que faz para atender às solicitações da sua vida motivacional no trabalho. Respeitar o ser humano é manter intacta a sua maneira espontânea de ser.

Pesquisando-se a origem etimológica do termo *motivação*, descobre-se que ele contém aquilo que é básico e mais importante. A palavra *motivação* deriva originalmente da palavra latina *movere,* que significa mover. Essa origem da palavra encerra a noção dinâmica de ação, que é a principal característica do comportamento motivacional que representa o processo a partir do qual as pessoas entram em ação.

As diferentes necessidades que coexistem no interior de cada um são conhecidas como desejos ou expectativas. Segundo vários autores, motivação e necessidades são sinônimos, isto é, quanto maior a necessidade não atendida, maior será a força da motivação. Satisfação passa a ser considerada como oposta à motivação. Quanto maior a satisfação, menor a motivação. A satisfação é a "antítese da motivação"

(Archer, E. R. T. 1978, p. 57-65). Estar motivado significa estar pronto e desejoso de entrar em ação.

> *A palavra motivação deriva originalmente da palavra latina movere, que significa mover.*

A existência de carências interiores intensas não atendidas representa desgaste e ameaça ao equilíbrio psíquico. Essa ameaça gera sensações emocionalmente desagradáveis, que colocam em risco o equilíbrio homeostático, condição esta que permite a cada ser continuar vivo no seu meio ambiente. Ao sentir ameaçada a integridade, instala-se uma sensação emocionalmente negativa que é problemática. Para Coon, D. (2006, p. 352), "o termo homeostasia significa 'estado estável'". Para livrar-se desse estado negativo, o ser humano entra em ação buscando algo que seja complementar e satisfaça a necessidade, propiciando estados interiormente mais confortáveis e de menor ansiedade.

Para Sisodia, R. S., Sheth, J. N. e Wolfe, D. B. (2008, p. 67), é importante preservar as estruturas interiores "para manter um equilíbrio". Fazem parte desse processo selecionar e organizar "as informações que nos chegam, de modo a preservar nossas visões de mundo". As pessoas não são passivas diante da realidade. Elas "modificam o percebido como proteção do sistema de crenças", e não no intuito de "mudar nossas crenças". Pelo contrário, o objetivo é estar em condições de aproveitar ao máximo o sistema de crenças como reduto de forças que se tem.

As necessidades que uma pessoa põe em movimento nem sempre podem ser observadas de maneira direta. Só se consegue inferi-las a partir da observação dos comportamentos mais evidentes.

> *Estar motivado significa estar pronto e desejoso de entrar em ação.*

Mesmo assim, uma única ação pode estar expressando numerosos outros motivos potenciais, isto é, motivos diferentes podem expressar-se por meio de atos semelhantes, ao mesmo tempo em que motivos semelhantes podem ser expressos por comportamentos diferentes. O ser humano pode chorar tanto de dor como de alegria. Qual o tipo de motivação que pode levar alguém a chocar-se contra as torres gêmeas, em Nova York, como ocorreu em 2001? Aqueles que assim fizeram consideraram um privilégio.

Segundo Levy-Leboyer, C. (1994, p. 13), "assim como não se muda a sociedade por decreto, não se motiva os indivíduos com regulamentos e punições, com cenouras e bastões". Habituadas durante anos a serem controladas, as pessoas tendem normalmente a perceber o seu superior como o poderoso chefe e não como verdadeiro líder. Essa é a diferença entre obedecer ao chefe e acompanhar espontaneamente o líder que se admira.

Segundo Deci, E. L. (1998, p. 21), a motivação abrange "desenvolver uma atividade pelo prazer inerente a essa mesma atividade". Liberar o potencial motivacional implica reconhecer que ele representa a fonte mais importante de autonomia e

Capítulo 1

autorrealização. Trata-se de dar às pessoas a liberdade para escolherem que tipo de ação empreender, respeitando as próprias fontes interiores de necessidades. A verdadeira descoberta do *porquê* e do *como* se desenrola a dinâmica motivacional guarda algumas sutilezas que só a pessoa pode descobrir. A primeira é feita pela introspecção para que se conheça qual o tipo de necessidade em jogo. A segunda diz respeito à extrospecção, que busca um fator de satisfação que, por ser complementar à necessidade, conseguirá atendê-la com propriedade.

Liberar o potencial motivacional implica reconhecer que ele representa a fonte mais importante de autonomia e autorrealização.

Como diz Vieira, P. (2017, p. 43): "ser autorresponsável e ter certeza absoluta, a crença de que você é o único responsável pela vida que tem levado". O autor completa sua ideia dizendo que, "consequentemente, é o único que pode mudá-la e direcioná-la". É indispensável não se esquecer disso.

Harry Levinson, professor de psicologia clínica do Department of Psychiatry da Harvard Medical School (1997, p. 76-99), reconhece que "o impulso mais poderoso de um indivíduo está em suas necessidades, desejos e aspirações pessoais", que se acham "conjugados à ânsia de sentir-se bem consigo pelo fato de ter cumprido suas metas pessoais mais estimadas". O autor também propõe que "a vida é um constante processo de adaptação", devido ao fato de que as "metas, desejos e aspirações de alguém estão sempre evoluindo", o que pressupõe que "estão sempre sendo modificadas pelas experiências". Cada um é, antes de mais nada, o grande responsável pela própria motivação, ou seja, responsável por liberá-la ou reprimi-la. Gerir pessoas com base no binômio recompensa-castigo só aumenta a "pressão sobre o indivíduo", que frequentemente se mostra contraproducente e maléfico.

Reconhecer os próprios recursos, sejam eles pontos fortes ou dificuldades pessoais, exige que cada um possa observar o seu interior, o que nem sempre é simples. É preciso treinar essa autoavaliação. Como diz Pereira, J. C. (2016, p. 24), é indispensável liberar a "possibilidade de escolha" – só assim cada um se torna "verdadeiramente consciente" do próprio potencial. Fazer uma reflexão profunda leva muitas vezes à ansiedade. "Quem não passa pela angústia do pensamento não atinge essa grande liberdade" – sem dúvida, pensar em si não é fácil –, por isso alguns optam por agir sem pensar, o que para alguns significa um melhor jeito de viver.

Para Fernandes, M. (2009, p. 32), é necessário ser autônomo, isto é, obedecer às próprias diretrizes para conseguir ser o "protagonista de sua vida e avançar na direção dos próprios sonhos" e sentir-se mais consciente tendo a visão de um futuro bastante melhor e desejando chegar à realidade dos próprios sonhos.

Gerir pessoas com base no binômio recompensa-castigo só aumenta a pressão sobre o indivíduo.

2
O disfarce da motivação

- ✓ Motivação e manipulação
- ✓ Manipulação organizacional
- ✓ Manipular é mais fácil
- ✓ Reforçadores do comportamento
- ✓ Perigos do condicionamento
- ✓ Prêmios que punem o comportamento
- ✓ Cuidado com a premiação
- ✓ Motivação representa recomeço
- ✓ Perfis de personalidade profissional: reconhece o seu?
- ✓ Ninguém é ninguém
- ✓ Aparecimento da motivação
- ✓ O disfarce da motivação
- ✓ Seja aquilo que você é

*O desejo de fazer algo por
considerá-lo profundamente realizador
pessoalmente desafia e inspira níveis
mais elevados de criatividade, seja nas
artes, na ciência ou nos negócios.*

(Teresa Amabile in Pink, 2010, p. 103)

Caso se pergunte a um grupo de pessoas leigas o que elas entendem por motivação, o resultado será obter tantas respostas diferentes quantas sejam as pessoas às quais foi dirigida a pergunta. Elas têm certeza de que sabem aquilo que está subjacente ao sentido do termo e usam-no sem constrangimento, utilizam-se da palavra *motivação* como bem entendem e sem se preocuparem se aquilo que dizem está cientificamente correto ou não. Existem até pessoas que fizeram seu curso de graduação em assuntos que estão dentro do campo das Ciências Exatas, como engenharia, por exemplo, que escrevem e publicam obras pertencentes ao campo das Ciências Comportamentais. A premissa assumida por essas pessoas é de que o conhecimento do comportamento humano depende apenas de bom senso ou da intuição, não exige estudo.

Edelman, S. (2015, p.12) esclarece que "a psicologia é uma disciplina jovem. Surgiu em 1879 quando Wilhelm Wundt fundou o primeiro laboratório científico na Universidade de Leipzig, Alemanha". A autora se refere a Freud como "o mais famoso pioneiro no campo da psicologia". Defendendo a corrente psicanalítica, propõe que "as pessoas precisam compreender os motivos dos seus problemas atuais antes de serem capazes de superá-los". Assim, Freud tinha seu "foco na mente inconsciente", sendo esta a "grande e importante contribuição para a psicologia moderna" (p. 13), contribuição esta que lhe custou muito caro no meio médico do momento. Alguns daqueles que trabalham em organizações acreditam que "uns bons anos de tarimba" no trabalho são suficientes para se aprender a lidar adequadamente com pessoas, sejam seguidores, colaterais e até mesmo superiores; acreditam que não haja segredo quanto a isso. Na prática, tais executivos se dão mal caso sejam obrigados a preencher as avaliações de desempenho do pessoal. Nota-se também que os departamentos comandados por esses executivos, disfarçados de líderes, apresentam altos índices de giro de mão de obra. A percepção que seu pessoal tem deles é bem negativa, sendo frequentes as queixas a seu respeito.

Motivação não é manipulação

Da forma como se encontram as organizações atualmente, Kanter, R. M. (2010, p. 33-53) aponta que "o antigo kit de ferramentas motivacionais se esgotou". Por isso, executivos, administradores e líderes têm de buscar novas formas de "encorajar o bom desempenho e obter dedicação". Esses novos recursos devem substituir aqueles usados pela burocracia tradicional que consistiam "em promoções regulares e aumentos automáticos de salário". Fatores alheios ao desempenho no trabalho foram usados como se fossem os responsáveis pelo aumento ou diminuição dos níveis de satisfação motivacional.

> *Administradores e líderes têm de buscar novas formas de encorajar o bom desempenho e obter dedicação.*

O disfarce da motivação

Sabe-se hoje que essas estratégias não representam senão um tipo de disfarce e nada têm a ver com a verdadeira motivação. Tanto no caso da manipulação como no da motivação, é possível observar os comportamentos mais perceptíveis, mas o que os diferencia é a fonte de onde nascem. Um é resultado da ação de fontes externas ao indivíduo, a outra nasce do interior de cada um sem que nada fora dele precise interferir. Uma pessoa pode comportar-se quer como resposta a estímulos vindos do meio ambiente, quer por impulsos cuja origem se desconhece, porque se acham armazenados no mundo interior.

Como diz Vieira, P. (2017, p. 56), quando as pessoas se detêm "mais em problemas e erros, são essas as sementes que vão florescer". No entanto, quando elas se detêm "nas soluções e nas possibilidades, são essas que florescerão". Cada um pode fazer sua opção: "se serão palavras de crítica ou cobranças ou serão elogios e validação". Completando sua proposta, "a única coisa real que se consegue com reclamação e lamentação é provar que o outro é incapaz e imperfeito". É melhor ser menos exigente consigo.

A motivação adquiriu diferentes interpretações, sem que nenhuma delas possa ser considerada como errada ou ultrapassada. Como as origens do comportamento humano nascem em diferentes níveis de profundidade do psiquismo, elas possuem um desencadeamento dinâmico qualitativamente diferente.

As pesquisas sobre condicionamento se transformaram no grande inspirador do enfoque de estudo do comportamento humano conhecido como behaviorismo, cujo principal representante é John B. Watson (1878-1958). Nas

> *Quando as pessoas se detêm nas soluções e nas possibilidades, são essas que florescerão.*

pesquisas de Watson, os seres humanos, à semelhança dos animais, passam a ser observados dentro dos laboratórios, sob o controle rígido das variáveis do meio ambiente. O objetivo desses experimentos é garantir ao máximo o uso de uma metodologia de pesquisa considerada como científica por sua objetividade. Servindo-se da metodologia própria das Ciências Exatas, os behavioristas acreditam que só se deveria considerar como ciência o resultado dos experimentos feitos em ambiente controlado bem como passíveis de serem repetidos a qualquer momento.

Os autores behavioristas abordam o aspecto mais superficial do comportamento humano. Para eles, a personalidade é o resultado dos condicionamentos sofridos ao longo da vida. O estudo do comportamento humano é feito em laboratórios nos quais todos os estímulos são controlados, para permitirem melhores condições de caracterizar qual reação foi provocada por determinado estímulo, bem como qual estímulo provocou determinada resposta. Uma vez conhecida essa ligação, seria possível mudar comportamentos.

Capítulo 2

Alguns experimentos foram feitos por pesquisadores no campo da aprendizagem, levando-os a acreditar firmemente que toda personalidade é aprendida. As pesquisas feitas pelos behavioristas procuram explicar como o meio ambiente é capaz de influenciar o comportamento observável e até modificá-lo. O mais importante representante da teoria da aprendizagem foi Burrhus Frederic Skinner (1904-1990), psicólogo de Harvard, que afirmou claramente: "Que coisa tão fascinante! Controle total de um organismo vivo", afirmação essa mencionada no livro *Punidos pelas recompensas*, de Kohn (1998, p. 34).

> *Alguns experimentos foram feitos por pesquisadores no campo da aprendizagem, levando-os a acreditar firmemente que toda personalidade é aprendida.*

Especialistas do mundo acadêmico, e principalmente administradores organizacionais, denominam de forma equívoca ações condicionadas pelas variáveis do meio ambiente do comportamento motivado, embora, para a ciência comportamental, essa denominação seja absolutamente equívoca. Os pesquisadores behavioristas visavam à mudança do comportamento. Para eles, como é possível modificar o comportamento de um animal no laboratório, seria igualmente possível mudar o comportamento humano, através de uma sistemática de aprendizagem.

Para os behavioristas, o comportamento humano pode ser planejado, modelado e finalmente mudado por meio da utilização adequada dos vários tipos de recompensas ou ameaças de punições. Quando são administrados prêmios, está-se lançando mão do *reforço positivo*. A premiação positiva feita imediatamente após a ocorrência de um comportamento desejável ilustra uma situação de *feedback* positivo, que estimula a frequência desse comportamento. O *feedback* ou *reforço negativo* caracteriza-se como punição, que é aplicada imediatamente após um comportamento indesejável e tem o poder de diminuir a frequência do uso desse comportamento até extingui-lo. Como diz Edelman, S. (2015, p. 13), no caso dos desajustamentos ocorreu um aprendizado errôneo das variáveis que envolviam o percebedor.

Deci, E. L. (1992, p. 10-28) acusa que as pesquisas feitas pelos behavioristas estavam mais direcionadas para o estudo das respostas comportamentais "que ocorrem na presença de algum estímulo ou contingência de reforço". A proposta de "Skinner (1953) foi a mais proeminente expressão desse enfoque, tendo recebido influência do trabalho de John, B. Watson (1878-1958) e Edward Thorndike (1874-1949)". O Condicionamento Operante de Skinner "afirma que quando as respostas comportamentais são reforçadas, o seu ritmo de ocorrência aumentará", e "quando são punidas" sua ocorrência diminuirá, portanto, cada ser vivo reage necessariamente da mesma maneira.

Manipulação organizacional

A maioria dos estudos da linha comportamental propõe que a atração do empregado pelas recompensas externas como forma de reconhecimento tem grande poder em determinar um desempenho satisfatório ou desejável. Esses estudos também advertem que se deva evitar ao máximo a utilização das consequências adversas pelo uso do reforço negativo. Sabe-se que a pessoa não repetirá a ação que tenha sido punida, todavia não se sabe qual o novo comportamento que poderá surgir em seu lugar. Para os behavioristas, motivação e condicionamento são a mesma coisa.

Kohn, A. (1998, p. 22) acredita que o condicionamento entendido como recurso motivacional seja tão comum e habitual, que seu uso transformou-se em um hábito costumeiro na vida diária. O autor propõe que "prometer bens materiais a pessoas cujo comportamento desejamos modificar é algo que nos parece bastante familiar, devido a

> *Skinner afirma que quando as respostas comportamentais são reforçadas, o seu ritmo de ocorrência aumentará.*

tamento desejamos modificar é algo que nos parece bastante familiar, devido a tradição e crenças". Não raro, ouve-se: "*motive seu pessoal*", quando o correto seria "*condicione seu pessoal*". Para o autor, isso é "o retrato de uma cultura completa e irrefletidamente comprometida com o uso de recompensas" (Kohn, A., 1998, p. 31). É "uma forma simples e tentadora de levar as pessoas a fazerem o que esperamos delas" e assim controlá-las. É considerado tentador porque, além de mais simples, seus resultados são praticamente imediatos, embora não durem por muito tempo.

Kohn, A. (1998, p. 38) cita em seu livro a comparação implícita entre o homem e a máquina feita por William Foote Whyte: "Os administradores também parecem supor que máquinas e trabalhadores são semelhantes pelo fato de ambos serem normalmente agentes passivos que devem ser estimulados por controle a fim de entrarem em ação." Esse recurso fácil é assim colocado em ação: "No caso das máquinas, liga-se a eletricidade. No caso dos trabalhadores o dinheiro toma o lugar da eletricidade." Os dois energizadores comportamentais parecem estar em pé de igualdade.

Qualquer um submetido ao controle behaviorista não tem escolha, senão seguir aquilo que preveem os condicionadores aos quais se acha submetido. *Além da liberdade e da dignidade*, é o título de uma das mais importantes obras de autoria de Skinner. Como se pode depreender, o ser humano, assim como os animais, não tem escolha nem livre-arbítrio, uma vez que está submetido a variáveis que vêm de fora do ambiente em que se encontra.

Há unanimidade entre os autores que não consideram essas teorias como suficientemente explicativas, como lembram Steers, R. e Porter, L. W. (1983, p. 10): "A teoria do reforço não é uma teoria sobre motivação, porque em si mesma

Capítulo 2

ela não diz respeito àquilo que energiza ou inicia o comportamento." A crença no condicionamento é tão difundida e tão professada, principalmente nos Estados Unidos, que vale a pena saber que rumo seguiram as pesquisas dentro desse campo.

As descobertas dos teóricos behavioristas contribuíram significativamente para a compreensão de muitos aspectos específicos do fenômeno da aprendizagem. Por outro lado, pouco puderam fazer em favor do conhecimento do verdadeiro comportamento motivacional no trabalho. Nos laboratórios estudam-se, por observação, as reações do momento, tendo-se, por causa disso, segurança a respeito das tendências futuras do comportamento observado, uma vez que todas as variáveis que podem interferir nesse comportamento acham-se sob controle. Skinner acreditava não ser possível fazer ciência a partir daquilo que não pudesse ser objetivamente experimentado.

Procedimentos ditados por regulamentos e normas organizacionais são exemplos indiscutíveis do grande número de entidades de trabalho que se pautam pelo condicionamento. Todos sabem o que fazer para ganhar uma promoção, manter o seu emprego ou ser dispensado. Fazendo ou deixando de fazer aquilo que a organização espera, pode-se ter certeza do que acontecerá ou deixará de acontecer.

Kohn, A. (1998, p. 131) diz que "motivadores extrínsecos nos locais de trabalho não apenas são insuficientes, mas até, com frequência, contraproducentes", uma vez que "não impedem o desempenho de muitos tipos de tarefas, especialmente daquelas que requerem criatividade" (p. 132). Acrescenta que "pagar os indivíduos pelo desempenho não leva, via de regra, a realizar um bom trabalho" (p. 136). Fica claro que tais motivadores facilmente deixarão de ser prêmios, para se transformarem em obrigação da empresa.

> *Kohn diz que motivadores extrínsecos nos locais de trabalho não apenas são insuficientes, mas até, com frequência, contraproducentes.*

Para Milhollan, F. e Forisha, B. E. (1972, p. 17), "a orientação comportamentalista considera o homem um organismo passivo, governado por estímulos fornecidos pelo ambiente externo". O método científico, tal como desenvolvido pelas ciências físicas e empregado por Skinner, é inapropriado para o estudo do organismo humano. A visão comportamentalista da motivação representa o enfoque no qual se defende o determinismo no estudo da conduta de cada pessoa, omitindo a liberdade humana.

Segundo Weiten, W. (2002, p. 10), Skinner criou controvérsia considerável quando afirmou que o livre-arbítrio é uma ilusão. Esse uso indiscriminado dos conceitos de condicionamento e motivação, como se fossem sinônimos, dá origem a um dos mais significativos problemas quando é necessário trabalhar com pessoas realmente motivadas. Um dos problemas mais frequentes é acreditar que o salário seja um fator de motivação.

Não se pode esquecer que o conceito de equidade ou justiça é relativo – aquilo que é considerado como satisfatório para uma pessoa pode ser pouco ou muito para o resto do mundo. Em uma pequena experiência foi solicitado que os avaliados dessem nota de zero a dez pelo seu desempenho. Inesperadamente, na tabulação dos resultados foi encontrado que os avaliadores deram em média notas mais altas do que os avaliados haviam se atribuído – sendo estes últimos mais rígidos consigo!

Manipular é mais fácil

No começo do século XX, Ivan Pavlov (1849-1936), prêmio Nobel de Neurofisiologia de 1904, divulgou suas descobertas a respeito do "Reflexo Condicionado", tornando-se o inspirador de todos aqueles que desenvolveriam seus estudos seguindo a linha behaviorista. Seu experimento com cães transformou-se no mais importante ponto de partida para as teorias que surgiram sob a denominação condicionamento. Aliando a comida a um estímulo externo representado pelo som de uma campainha, Pavlov conseguiu fazer com que um cão salivasse. Em um dado momento, bastou o sinal auditivo, sem que fosse necessário estimulá-lo com comida. O comportamento de salivar, ao ser ouvido um determinado som, foi aprendido, comprovando que os estímulos podem também ser aprendidos. O cão aprendeu a salivar ao som de uma campainha, o que não acontecia antes de ser condicionado. Antes de Pavlov, acreditava-se que os reflexos eram todos hereditários e inatos, como, por exemplo, a sudorese como resultado de temperatura elevada ou a contração da pupila com o aumento da luminosidade.

Dois são os conceitos-chave na compreensão do comportamento condicionado, segundo a escola behaviorista. O primeiro é aquele que define o **estímulo (S)** como qualquer modificação que ocorra no meio ambiente, como aumento de luminosidade, variações de temperatura, intensidade de sons e outros. O segundo é de **resposta (R)**, entendida como a reação comportamental do sujeito submetido aos estímulos. Os reforços têm o poder de estimular o comportamento do sujeito de forma a fazê-lo buscar adaptar-se às variações ocorridas fora dele. O estímulo é considerado como a chave mais eficaz para manipular comportamentos.

Os psicólogos comportamentalistas propõem que o organismo seja passivo diante do estímulo externo. Também conhecida como a Teoria da Ligação Estímulo-Resposta (*S-R Bond Theory*), tal proposição afirma que o comportamento só aparece mediante uma condição externa específica. Devido ao fato de existir necessariamente uma correspondência entre os fatores estímulo "S" e resposta "R", será possível inferir qual a variável extrínseca que desempenhou o papel de estimulador. Conhecido o estímulo ao

> *O estímulo é considerado como a chave mais eficaz para manipular comportamentos.*

Capítulo 2

qual se submeteu o organismo, será possível predizer o tipo de resposta que dele decorrerá. Os psicólogos behavioristas buscam entender a lógica comportamental para chegar à total previsibilidade e encontrar o máximo de certeza do desencadeamento desse comportamento.

A propaganda feita por meio da mídia utiliza o condicionamento, aproveitando-se de sons, frases e cenários, ligando isso ao produto que quer veicular. Essas informações ficam retidas e quando a pessoa vivencia determinada situação, o estímulo volta à memória, ligando-o ao produto. Alguns consideram que a propaganda consiga manipular o comportamento, como é o caso de uma pessoa idosa que compra um carro esporte para sentir-se mais jovem, ou do fumante que compra determinada marca porque "a pessoa que sabe o que faz fuma tal cigarro".

Reforçadores do comportamento

Burrhus Frederic Skinner, que, conforme o *Livro da psicologia* (2012, p. 80-85), é reconhecido como o maior defensor do behaviorismo, "contribuiu para que a psicologia rompesse de vez com suas raízes filosóficas"; sendo assim, ela acaba por se firmar "como uma disciplina". Para Skinner, "a pesquisa psicológica deveria ser feita com base em comportamentos passíveis de observação". Aquilo que realmente interessa é o comportamento que pode "ser visto, medido e produzido". Para Skinner, "o comportamento é aprendido primordialmente a partir dos resultados das ações", o que representa condicionamento. Há casos de pessoas que receberam a maior parte de sua educação sob o efeito de condicionadores.

Usando em seus experimentos ratos e pombos, Skinner, o pai do condicionamento operante, descobriu que cada vez que os animais recebiam alimento, depois de bicarem ou acionarem certo dispositivo, voltavam a repetir esse comportamento, pelo fato de terem recebido comida como recompensa. O autor chama de **Reforço Positivo** a gratificação que é uma oferta contingente de alimento, a qual vem imediatamente após a ação de bicar o dispositivo ou abaixar uma alavanca aumentando a frequência da repetição desse comportamento. O animal passa para seu repertório psíquico aquela ação que foi imediatamente premiada, ficando aí retida.

> *Para Skinner, o comportamento é aprendido primordialmente a partir dos resultados das ações, o que representa condicionamento.*

Esses mesmos comportamentos que anteriormente foram recompensados pelo alimento passaram a ser punidos por uma descarga elétrica. Nessas circunstâncias, após tentativas iniciais, os animais em observação não mais se comportam como antes, devido à penalidade sofrida imediatamente após a ação, retirando do seu repertório psíquico a ação punida. À punição é dado o nome de **Reforço Negativo**.

Nas pesquisas de Skinner, feitas para comprovar a Teoria do Condicionamento Operante, foi adotada uma sistemática específica de procedimento experimental:

1º Preparação prévia do animal, para que aprendesse a comer em intervalos iguais de tempo. No momento de se alimentar, o animal era colocado dentro da caixa, exibindo um comportamento denominado exploratório, retendo suas descobertas na memória que constitui seu repertório psíquico.

2º Novamente colocado dentro dessa caixa, recomeçava seu comportamento exploratório. No momento de alimentar-se, o rato recebia uma bolinha de alimento, que caía num recipiente apropriado para o alimento. Ele aprendia que só lhe seria oferecido em determinado local, na bandeja dentro da caixa.

3º O rato faminto era mais uma vez colocado dentro da caixa, e, como já era de se esperar, dirigia-se naturalmente para o recipiente, no qual deveria encontrar o alimento. O experimentador não lhe fornecia a bolinha de alimento esperada. Nesse momento, percebia algo novo dentro da caixa, uma barra metálica, que até então estava ausente. Ao cabo de alguns segundos, terminava por pressionar a haste, o que determinaria o aparecimento do alimento na bandeja.

4º Dentro da caixa, o animal dirigia-se para a barra, a fim de pressioná-la e obter o alimento. Recebia um choque elétrico. Reforçador negativo, o choque elétrico fazia com que ele diminuísse a frequência da ação de abaixar a barra, até que esse comportamento fosse definitivamente extinto.

No procedimento adotado por Skinner, não houve somente puro condicionamento. Foi dado um passo além, uma vez que o rato aprendeu sozinho a acionar a alavanca. Ele operou no meio ambiente, exibindo um comportamento inédito até então. Para Skinner, o rato serviu-se das informações que haviam ficado registradas no seu repertório psíquico. Operou no ambiente, o que lhe permitiu exibir um comportamento novo. Por isso, o nome de condicionamento operante.

Esses novos comportamentos foram se estruturando através de uma estratégia comportamental denominada "aproximações sucessivas", na qual qualquer ação realizada na direção desejada vai sendo imediatamente recompensada.

Perigos do condicionamento

Surge um novo conceito de aprendizagem, no qual ocorre a evocação dos comportamentos positivamente recompensados em circunstâncias semelhantes às que levaram ao prêmio, estruturando comportamentos mais complexos através da metodologia das aproximações sucessivas. Nesse repertório psíquico, os resultados negativos também foram extintos.

Capítulo 2

Dentro da corrente comportamentalista, todos os seres, inclusive os humanos, podem ser controlados, portanto modelados. Para os skinnerianos, é assim que se muda o comportamento; trata-se de uma contingência da qual ninguém escapa. No livro escrito por Skinner (1971, p. 39), cujo nome em inglês é *Beyond freedom and dignity* (Além da liberdade e da dignidade) e cujo título em português é *O mito da liberdade*, esses dois temas passam a ser simplesmente considerados como condicionantes extrínsecos. Em sua entrevista à revista *Time*, na década de 1970, diz textualmente "*We can't afford freedom*" ("Não podemos proporcionar liberdade") (Skinner, 1971b).

> *Dentro da corrente comportamentalista, todos os seres, inclusive os humanos, podem ser controlados, portanto modelados.*

Algumas empresas que seguem certos estatutos que regem algumas medidas têm o poder de condicionar funcionários, acabando com a motivação deles. Um bom exemplo é transferi-los de cargo para que ganhem mais, mesmo que não tenham interesse pessoal pelo tipo de atividade que irão desempenhar. Outro exemplo é aumentar o salário de quem está próximo da aposentadoria. Quando essa notícia se espalha pelo pessoal, mesmo aqueles que não estão próximos dessa data perdem sua motivação intrínseca e fazem o que for preciso, até mesmo aceitam atividades que não valorizam, para ganharem mais ao saírem da empresa.

Prêmios que punem o comportamento

Para planejar um programa de concessão de prêmios, é necessário ser extremamente cuidadoso, projetando para o futuro aquilo que acontecerá para não arrepender-se de tê-lo implantado. Pink, D. H. (2010, p. 55) recomenda usar tal programa apenas como reconhecimento no caso de "tarefas rotineiras, pouco interessantes e que não requerem raciocínio criativo". Trata-se de uma espécie de empurrãozinho motivacional.

Como reforça o autor, "essa premiação não deve ser usada quando as atividades no trabalho requeiram um tipo de motivação mais profunda – autonomia, excelência e propósito". A recompensa de modo sistemático pode causar uma série de prejuízos como concentrar-se no prêmio e esquecer o sentido do trabalho.

Em lugar da motivação intrínseca pelo prazer do trabalho em si, a pessoa se concentra na motivação extrínseca, isto é, o prazer de comprar aquilo que o dinheiro pode cobrir. Nesse caso, o sentido do trabalho vai para o espaço em detrimento daquilo que ele deveria significar. A premiação conseguiu destruir a verdadeira motivação que se deveria ter ao cumpri-lo.

O disfarce da motivação

Como aponta Robbins, S. P. (1999, p. 28), especialmente em situação de trabalho, "muitos gerentes incorretamente supõem que todos os funcionários desejam as mesmas coisas", esquecendo-se dos efeitos "devidos às premiações diferenciadas". A premiação em bases coletivas não representa recompensa por um trabalho feito. É simplesmente mais um compromisso organizacional, que no futuro acabará se transformando em obrigação, não podendo mais ser retirado.

Sob tal aspecto Deci, E. L. (1998, p. 40) acrescenta que "qualquer ocorrência que diminua a sensação de autonomia das pessoas as faz sentir-se controladas" e isso "deve diminuir a motivação intrínseca". Não há dúvidas de que "provavelmente pode ter outras consequências negativas", uma vez que tais experimentos consideram o ser humano de forma superficial e simplista.

O autor (1998, p. 83) deixa evidente o fenômeno da motivação humana considerando que "as pessoas não são máquinas, esperando para serem programadas, ou selvagens, para serem domesticadas". Para ele, o comportamento motivacional considera o

> *Deci acrescenta que qualquer ocorrência que diminua a sensação de autonomia das pessoas as faz sentir-se controladas.*

homem como um "organismo que explora, desenvolve e enfrenta desafios". Isso ocorre porque os indivíduos "não foram programados ou forçados, mas porque isso faz parte da sua natureza". O condicionamento do homem não se passa da mesma forma como aquilo que ocorre com outros seres vivos. Aprende-se a dirigir um veículo por condicionamento, mas nenhum animal até hoje conseguiu fazer isso.

No ambiente das organizações, o condicionamento é muitas vezes concebido como se fosse motivação. Esse uso recebe títulos dos mais variados, tais como prêmios por produtividade, planos de incentivo, participação nos lucros, elogios, remuneração variável, participação acionária, campanhas de qualidade, convenções anuais de resultado nas vendas e assim por diante. A precariedade da suposição que atribui poder motivacional a situações que são típicas de condicionamento está em confundir fatores de satisfação motivacional com a motivação em si, como acreditam aqueles que defendem que o dinheiro motiva. Para Archer, E. R. T. (1978, p. 57-65), "a motivação, portanto, nasce somente das necessidades humanas, e não daquelas coisas que satisfazem essas necessidades". O autor explica que a sede é a necessidade e o fator de satisfação é a água.

Há empresas classificadas como boas pagadoras do esforço no trabalho que são mais frequentemente procuradas por candidatos a emprego não motivados. A própria organização está dessa forma diminuindo seu valor para aqueles que a procuram. Isso também se estende a outros benefícios oferecidos pela empresa.

É comum pensar que, seja qual for o prêmio, mal ele não deva fazer. Esse é um engano perigoso. Como lembra Kohn, A. (1998, p. 31), as recompensas, ao contrário do que muitos pensam, não produzem as mudanças desejadas, elas podem

Capítulo 2

gerar até o inesperado: "Quanto mais recompensas são dadas, mais parecem ser necessárias." Nunca se deve disparar nenhuma ação nesse sentido, a menos que a organização possa arcar com ela até o fim da vida de trabalho da pessoa premiada. Algo que complica ainda mais a concessão de prêmios é que eles precisam sempre aumentar de valor. Um certo tanto de dinheiro, concedido como prêmio algum tempo atrás, já não terá o mesmo efeito no momento presente. Quando se retira algo que foi anteriormente concedido como um prêmio, está-se automaticamente punindo aquele de quem se retira o prêmio.

> *Para Kohn, quanto mais recompensas são dadas, mais parecem ser necessárias.*

Consequências negativas

Os prêmios são negativos. Eles ocasionam:

- Uma *reação positiva* de imediato. Os empregados receberão "algo mais".
- *Transitoriedade*. A mesma premiação não pode ser usada mais do que uma vez. Ela precisa ser substituída por outra mais valiosa.
- A *quebra de continuidade*. As pessoas sentir-se-ão frustradas.
- A *sensação de injustiça* ou *inequidade* com relação ao próprio valor e ao dos demais.

Kohn, A. (1998, p. 11) relata em seu livro *Punidos pelas recompensas* que "incontáveis consultores vivem prodigamente de inventar ainda mais formas de calcular prêmios". Nesse tipo de empresa, "todos esses reparos erram o alvo", pois "tentar corrigir o problema revendo o programa de pagamento por desempenho faz tanto sentido como tratar o alcoolismo substituindo a vodca pelo gim". O problema não é com a compensação em si, mas com o fato de que "quanto mais dinheiro estiver ligado ao desempenho, maior será o estrago feito", uma vez que dentro de pouco tempo volta a ser como antes, senão pior. É por isso que se diz que os prêmios punem.

Kohn, A. (p. 145) aponta cinco problemas causados pelas recompensas extrínsecas. São eles:

- As recompensas punem especialmente aqueles que se julgaram merecedores e não receberam o esperado.
- As recompensas rompem relacionamentos: na linha horizontal, destroem o trabalho em equipe e levam à competição. Na linha vertical, podem levar à adulação.
- As recompensas ignoram razões: é como a cenoura na ponta do bastão, em que não se pesquisa a raiz dos problemas.

O disfarce da motivação

- As recompensas desencorajam assumir riscos: as pessoas farão exatamente o que lhes é solicitado.
- As recompensas minam o interesse: os motivadores extrínsecos "não apenas são menos efetivos que a motivação intrínseca, mas realmente a enfraquecem". Eles inibem a criatividade.

As contraindicações do uso dos fatores extrínsecos sobre a motivação intrínseca são tão sérias que é necessário pensar bem e equacionar seus benefícios e perigos antes de usá-los. Deci, E. L. e Ryan, R. M. (1985, p. 51) propõem textualmente que existe "evidência convincente de que as recompensas extrínsecas e as contingências podem arruinar gradualmente a motivação intrínseca". Portanto, teria sido melhor não utilizá-la.

Uma séria contraindicação para o uso do condicionamento de pessoas é que, como diz Kohn, A. (1998, p. 54-63), a punição "pode aumentar significativamente a *agressão*". Da mesma forma como fazem os animais, os seres humanos, quando sentem "dor, têm a tendência de atacar o outro". O reforço negativo ou punição é "doloroso, frustrante ou ambos", podendo estabelecer um ambiente poderoso para o aprendizado da agressão. Os seres humanos buscam normalmente crescer rumo à autorrealização, como afirma Maslow, A. (2000, p. 20), demonstrando que o trabalho é "introjetado no eu" e consequentemente a "autoestima saudável e estável baseia-se na introjeção do trabalho bom e válido", dessa forma "tornando-se, portanto, parte do eu". Não parece viável a introjeção do trabalho do qual não se tem orgulho.

> *Segundo Deci e Ryan, existe evidência convincente de que as recompensas extrínsecas e as contingências podem arruinar gradualmente a motivação intrínseca.*

Essa forma de retribuição feita dentro das empresas é tão atrativa que os executivos responsáveis por sua administração relutam em aceitar esses argumentos contrários a ela. Thomas, K. W. (2010, p. 8) comenta que se tratava de "uma solução fácil na era da obediência", quando não havia necessidade de criatividade. Todavia, "hoje as empresas dependem de pessoas com discernimento", com "a possibilidade de tomar muitas decisões que anteriormente eram tomadas pelos gerentes", uma vez que cabe às máquinas trabalhos simples e repetitivos.

Zanelli, J. B. (2010, p. 25) admite que "o dinheiro não seja o único fator que mantém alguém trabalhando". Para ele, as pessoas ou grupos com elevado desempenho precisam "experimentar prazer nas atividades de trabalho". Analisa que "oportunidade de trabalho significativo e satisfatório torna-se cada vez menos possível". Daí a ênfase atual dada aos programas de retribuição ao esforço humano. O autor considera também que a segurança de não perder o emprego representa um importante fator de satisfação motivacional. Isso nada tem a ver com ela, basta que se examine o quadro de pessoal das empresas nas quais a estabilidade de emprego existe. Os empregados desse tipo de empresas são apenas eficientes, fazendo apenas o suficiente para continuarem empregados. A segurança é um fator extrínseco e faz derreter a verdadeira motivação. Não correr o risco de perder o emprego pode ocasionar acomodação à rotina, como aquilo que Kafka retrata em sua obra imperdível *A metamorfose*.

> *Os seres humanos buscam normalmente crescer rumo à autorrealização, afirma Maslow.*

Gazzaniga, M. S. e Heatherton, T. F. (2005, p. 280) e seus colegas "demonstraram que dar recompensas externas por comportamentos que são prazerosos por si mesmo" é prejudicial, pois eles "enfraquecem os motivos naturais para buscar esses comportamentos". Fundamentaram suas conclusões a partir de um experimento com três grupos de crianças a quem foi pedido que desenhassem com canetas coloridas. A um grupo foi anunciado um "prêmio de melhor desenho". Outro grupo foi inesperadamente recompensado após a tarefa e o terceiro não foi recompensado nem teve nenhuma expectativa de prêmio. O resultado foi que aquele grupo a quem foi prometido prêmio passou menos tempo brincando que o grupo não recompensado, bem como menos tempo que o grupo da recompensa inesperada. É indispensável muito cuidado quando se pensa em usar recompensas extrínsecas para gerir motivação no trabalho.

> *Gazzaniga e Heatherton demonstraram que dar recompensas externas por comportamentos que são prazerosos por si mesmo enfraquece os motivos naturais para buscar esses comportamentos.*

Cuidado com a premiação

Bohlander, G. e Snell, S. (2010, p. 386) recomendam que, quando uma organização opta por programa de aumento por mérito, deve obedecer "uma relação entre o aumento no pagamento base e a maneira como o funcionário desempenha seu trabalho". Isso facilitaria "perceber sua relação com o desempenho exigido". É preciso neutralizar alguns dos efeitos negativos do "aumento com base em tempo de serviço ou favoritismo". Em determinados cargos, não se tem como medir ou quantificar objetivamente o desempenho da forma como é feito quando se trata de pagamento por peças produzidas. Ao citarem Bob Nelson, da *Nelson Motivation*, Bohlander e Snell salientam que "as empresas devem cuidar para que os incentivos estejam ligados ao desempenho e que sejam atribuídos de forma oportuna, sincera e específica"; além disso, "precisam estar estreitamente alinhados aos verdadeiros objetivos da organização" e isso exige um estudo completo e aprofundado de todas as variáveis do contexto.

O disfarce da motivação

Para ser bem-sucedido, "um programa de incentivos depende de um clima organizacional no qual é necessário operar a confiança dos funcionários no programa" (Bohlander, G.; Snell, S. 2010, p. 400). Além disso, depende "de sua adequação às necessidades dos funcionários e da organização". A caracterização dessas medidas tem que ser "quantificável, de fácil compreensão e possibilitar uma relação comprovada com o desempenho da organização". Sem tais requisitos, poucos serão seus benefícios.

As organizações só conseguirão algum resultado prático na medida em que forem capazes de oferecer recompensas que sejam verdadeiramente valorizadas pelos seus empregados. Como diz Lawler, E. E. (1983, p. 18), "a motivação para o desempenho depende da situação percebida e das necessidades da pessoa". As pessoas têm as suas próprias necessidades e seus próprios mapas mentais daquilo que representa seu mundo.

A forma de se avaliar a motivação de quem trabalha é tentar reconhecer o quanto de felicidade essa pessoa desfruta realizando o próprio trabalho. Logo que alguém consegue uma nova colocação, seu primeiro dia de trabalho representa motivação total – dadas as expectativas que possui a respeito desse novo empreendimento.

Como propõe Pereira, J. C. (2015, p. 52), "a vida é guiada pelo prazer". Para ele, "vida sem prazer fica sem sentido, pois é tomada pela tristeza, ou pela ausência de felicidade". É necessário muito cuidado com o uso da premiação, que pode transformar a verdadeira motivação em simples condicionamento, o que não pode acontecer de forma alguma.

Motivação representa recomeço

Em fins do século XIX e início do século XX, como aponta Levinson, H. (1997, p. 83-112), imperava a filosofia administrativa "da cenoura e da vara", que mostrava um "chefe manipulador e controlador", sendo o subordinado considerado como um verdadeiro idiota. Essa forma de administrar "reconhece que os mais fortes têm o direito natural de manipular os mais fracos". Trata-se de uma estratégia fácil para chegar à produtividade previamente estabelecida sem a participação de quem irá recebê-la.

Com a utilização de variáveis do meio ambiente para incentivar ou amedrontar as pessoas como se todas elas tivessem rigorosamente as mesmas características, sendo idênticas umas às outras, a administração teve que abrir mão do tão almejado controle. Pelo contrário, esse recurso só se mostrou adequado em reforçar a submissão, fazendo desaparecer a criatividade. A simplificação a respeito do que move o comportamento humano teve grande aceitação por vários pensadores em administração no início do século XX.

Capítulo 2

Todas as estratégias utilizadas em gestão organizacional que desafiarem as diferenças individuais estarão fadadas à inoperância. Uma simples observação de como se comportam as pessoas mostrará como elas são diferentes. A riqueza da diversidade entre as pessoas é concretamente ilustrada por Levy-Leboyer, C. (1994, p. 70), ao afirmar que "duas pessoas, colocadas na mesma posição profissional, encontram-se desigualmente motivadas". Esta é uma constatação óbvia. É um grave erro tratar todos da mesma forma.

> *Todas as estratégias utilizadas em gestão organizacional que desafiarem as diferenças individuais estarão fadadas à inoperância.*

Segundo Abner, "de acordo com especialistas, a produtividade corporativa é muito afetada por conta dessa inabilidade. Os profissionais deixam de atuar na sua melhor *performance* e os RHs, gestores e líderes não conseguem extrair o melhor de seus profissionais por não olharem para eles com inteligência e estratégia", diz o *coach* Adriano Abner, da *Produzindo Produtividade*.

Abner, A. (2017, s. n.), por meio da *HBR Brasil Week*, dá exemplo das diferenças de personalidades profissionais, como segue:

Quadro 2.1 Diferenças de personalidades profissionais

	Dominantes	Analíticos	Pacientes	Extrovertidos
Características	• Independentes • Criativos • Visionários	• Perfeccionistas • Detalhistas • Precisos	• Metódicos • Confiáveis • Bons ouvintes	• Comunicadores • Motivadores • Simpáticos
Do que gostam	• Desafios • Agilidade • Controle	• Organização • Lógica • Certeza	• Harmonia • Relacionamentos profundos • Estabilidade	• Popularidade • Liberdade • Reconhecimento
Do que não gostam	• Indecisão • Insegurança • Lentidão	• Dúvidas • Injustiça • Erros	• Conflitos • Variedade • Mudanças	• Insensibilidade • Solidão • Regras

Perfis de personalidade profissional: reconhece o seu?

Por que você faz o que faz no trabalho? O que te motiva? Como você se comunica com os outros perfis profissionais? Como toma as decisões importantes?

É provável que você não tenha respostas para essas perguntas devido à perda de uma habilidade inata: o autoconhecimento.

O disfarce da motivação

Anteriormente ao nascimento, o DNA, também conhecido como o código genético, delineia os alicerces das futuras e inúmeras diferenças individuais. As vivências da vida intrauterina acrescentam a esse alicerce novas fisionomias típicas. Por sua vez, essas características iniciais de personalidade serão modificadas pelos acontecimentos ocorridos durante o parto. Quando se observam neonatos no berçário, é possível constatar que cada um deles é diferente, já possui uma característica própria que será a marca indelével da sua personalidade. Uma espécie de esboço inicial das diferenças entre as pessoas é chamada de *matriz de identidade*. Nem gêmeos idênticos nascidos de um mesmo óvulo têm a mesma matriz de identidade. Cada um deles permaneceu em determinada posição no útero materno, teve uma ordem de nascimento diferente e assim por diante. Objetivamente, essa diferença é ilustrada pela diferença entre as marcas digitais desses gêmeos.

Não se pode dizer que as pessoas mudem de uma hora para a outra. Quanto mais os anos passam, mais cada um vai acentuando sua linha de identidade comportamental, preservando um eu íntimo e diferente de todos os demais. Pode-se dizer que cada um luta para preservar essas marcas individuais, que são o grande referencial que se possui da autoidentidade. É fácil entender por que falham os controles externos ao se pretender dirigir pessoas como se elas fossem todas idênticas. Ninguém se deixa despersonalizar, como pretendeu mostrar o filme *Laranja mecânica*, já mencionado anteriormente. Mesmo após inúmeros condicionamentos, seu personagem não consegue adotar a pretendida docilidade e volta a exibir a mesma crueldade agressiva que sempre fora sua marca pessoal.

Quando se considera que as pessoas não mudam, não se está pretendendo afirmar que elas não possam fazer certos reparos em aspectos que lhes estejam causando problemas. Elas podem *modificar* até certo ponto aqueles comportamentos que sentem como negativos, todavia, isso só ocorrerá quando elas assim o quiserem. Modificação comportamental não significa mudança completa e profunda na maneira de ser, mas sim uma espécie de reparo mais superficial para aparar arestas improdutivas. Por vontade própria, conseguem modificar algo em si, mas jamais conseguirão transformar em seu extremo oposto, isto é, o tímido tornar-se sociável, o lento transformar-se em afobado, e assim por diante.

Executivos organizacionais nem sempre aceitam de bom grado o fato de que as pessoas não possam mudar. Alguns deles até supõem que certos treinamentos de fim de semana possam realizar milagres nesse sentido. Acreditam que algo fora da própria pessoa possa fazê-la mudar de rumo e tomar direções que sejam aquelas desejadas por suas empresas. Se o indivíduo não vir nisso a valorização de algum tipo dos seus objetivos pessoais, poderá fazer de conta que irá mudar, mas essa predisposição não chegará a bom termo. Características adquiridas

> *Características adquiridas durante os anos de vida não se desfazem durante algumas horas de treinamento, em fins de semana.*

37

Capítulo 2

durante os anos de vida não se desfazem durante algumas horas de treinamento, em fins de semana.

Quando não se compreendem as razões dos demais, cai-se na tentação de solicitar que eles mudem e passem a ser diferentes daquilo que são. No entanto, essa é uma perigosa estratégia, que na maioria das vezes leva ao mal-estar na convivência. O rápido pede ao meticuloso para andar mais depressa e não insistir em tantos detalhes, o sensível pede ao racional que tenha mais emoção, o introvertido pede ao sociável que converse menos e trabalhe mais, e assim por diante. Quando se pede a alguém para mudar é porque não se está sendo capaz de conviver com esse alguém da maneira como ele é. O jargão popular: "fulano mudou da água para o vinho" não procede.

O convívio social fornece farta ilustração de exemplos que mostram como essas diferenças individuais resultam em expectativas pessoais também diferentes. Ao ser incapaz de diagnosticar aquilo que cada um persegue, é muito comum projetar no outro motivações que são próprias apenas do observador. É indispensável ter uma sensível acuidade perceptiva para se descobrir que aquilo que realmente atrai o outro motivacionalmente é próprio dele. Há pessoas motivadas pelo desafio de comprovar o próprio valor, outras já preferem usar seu potencial em atividades que demandem extremo cuidado com a qualidade daquilo que fazem; muitos são aqueles cuja principal motivação é dedicar-se a quem precisa de ajuda; há pessoas que buscam manter-se irrestritamente abertas ao convívio social e serem sábias negociadoras na venda das suas próprias ideias.

A pessoa consciente conhece suas necessidades, dispara seu comportamento na direção certa, analisa com propriedade os obstáculos que pode encontrar pelo caminho. Ficar insistentemente ligado às necessidades impossíveis de serem atendidas como um eterno insatisfeito qualifica uma atitude infantil. Agredir obstáculos que não existem tipifica um caráter anormalmente agressivo. Kets de Vries, M. F. R. (2004, p. 28) propõe que aquilo que "caracteriza a saúde mental, é a habilidade de fazer escolhas". Representa um ponto pacífico "evitar ficar preso em círculos viciosos". Examinadas as situações individuais, isso "significa ajudar a pessoa a ter mais opções". O próprio indivíduo tem a responsabilidade de trabalhar em prol do próprio ajustamento de forma amadurecida.

> *Para Lowe, quando uma dificuldade é dada a um otimista, tudo que ele vê é uma oportunidade latente.*

Ninguém é igual a ninguém

Na convivência do dia a dia, não existem pessoas rigorosamente iguais, embora algumas delas possam ser parecidas. A prova disso é que, quando se está na iminência de ser apresentado a alguém, sempre se cogita a respeito de *quem* será essa

O disfarce da motivação

pessoa. Mais ainda, logo se percebe que será preciso muito tempo de vida junto para sentir certeza em saber realmente qual a diferença comportamental que caracteriza esse indivíduo. Para muitos, as pessoas são um verdadeiro mistério.

Cada um também tem sua forma pessoal de encarar a própria vida – e consequentemente as suas ações espelham sua maneira pessoal de ser. Conforme exemplifica Lowe, S. (2015, p. 18), "quando uma oportunidade é apresentada a um pessimista tudo que ele consegue enxergar é a dificuldade". Diferentemente, "quando uma dificuldade é dada a um otimista, tudo que ele vê é uma oportunidade latente". Essa é a constante que caracteriza cada um deles durante o percurso da própria vida. Um dos maiores cuidados para com a própria motivação é ser autêntico – nunca mascarar a própria maneira de ser, mas sempre buscar a felicidade de forma a não mascarar aquilo que se é.

Betz, R. (2014, p. 185) assegura que "a vida é complexa, mas não é complicada. Ela é simples". Cada um pode torná-la facilmente compreensível. Para o autor, somos "nós quem complicamos e a dificultamos para nós mesmos" e isso vem ocorrendo ao longo do tempo: "de muitas e muitas gerações". Ser autêntico consigo mesmo facilita reconhecer aquilo que vem pela frente para não distorcer a percepção de si e do ambiente onde se vive.

A visão dos teóricos comportamentalistas recomenda que o chefe eficaz deva influenciar o comportamento de seus subordinados. Fica nítido o uso intenso e frequente dos fatores do meio ambiente como os principais pressupostos básicos do ato de *chefiar*. Ao manipularem as variáveis do meio, os comportamentalistas acreditam que podem mudar as feições próprias do desempenho humano. Assim como ninguém motiva ninguém, também ninguém muda ninguém. Nem as psicoterapias, cujo principal objetivo é fazer com que cada um aceite a si próprio e saiba ligar os pontos fortes da sua diferença individual às solicitações do cargo.

Maslow, A. (s/d, p. 67) assinala que quando as pessoas são controladas, o chefe é percebido como "simplesmente um supridor de dinheiro, um supridor de alimento, um supridor de segurança, alguém de quem se pode depender ou como um criado ou outro servidor anônimo". Para ele, "não nos agrada sermos

> *Ao manipularem as variáveis do meio, os comportamentalistas acreditam que podem mudar as feições próprias do desempenho humano.*

percebidos como objetos úteis ou instrumentos. Desagrada-nos ser 'usados'". O seguidor se manterá ligado ao seu chefe enquanto os dois possuírem valores a serem compartilhados na medida em que atendam aos interesses de ambos.

Dá para concluir, de forma bem clara, que muitos foram as pesquisas e os estudos sobre a validade do condicionamento e da sua ligação com a motivação de quem trabalha. Mas, como se pode perceber, ela é nula, sendo mais prejudicial do que benéfica.

Capítulo 2

Quando a liderança é exercida por meio do uso de fatores extrínsecos, portanto é condicionadora, vários problemas e dificuldades podem ocorrer, tais como a perda do sentido do trabalho, a desvalorização do fator intrínseco, da motivação, a necessidade de aumentar o valor do prêmio e assim por diante.

Como afirmam Sisodia, R. S., Sheth, J. N. e Wolfe, D. B. (2008, p. 50), se as empresas mais queridas fossem "descritas por meio de qualquer uma das suas características seria a de que possuem uma alma humanística" – percebe-se que elas continuam mantendo sua humanidade em face de pressões de curto prazo. Os autores propõem que a melhor forma de responsabilidade social não é realizada "por meio de donativos em dinheiro", mas sim "pela dedicação de todos numa empresa a atividades cujo significado transcenda à meta do resultado financeiro". Isso significa, sobretudo, respeito à diferença individual.

> *Assim como ninguém motiva ninguém, também ninguém muda ninguém.*

Aparecimento da motivação

A principal suposição da maioria dos enfoques psicológicos é que o comportamento consciente leva a tomar decisões de forma intencional tendo em vista futuras satisfações. O ser humano considera as possíveis alternativas comportamentais disponíveis, escolhendo aquelas que possam viabilizar e maximizar os resultados positivos do uso dos seus pontos fortes. A motivação de cada um está ligada ao desencadeamento de um processo que poderá tanto levar à felicidade pessoal como bloqueá-la, caso o fator de satisfação motivacional não tenha sido complementar à necessidade.

Toegel, G. e Barsoux, J. L. (2012, p. 44-50) falam de como é importante que o líder tenha conhecimento de suas próprias motivações, sendo assim capaz de identificar as idiossincrasias daqueles que dirige. Mais recentemente, têm-se enfatizado "as possibilidades dos seus executivos entenderem a própria responsabilidade e receberem *feedback* de múltiplas fontes". Líderes que obtêm maior sucesso trabalham para "gerenciar ou abandonar traços potencialmente limitantes para sua carreira, o que exige esforço e introspecção". Assim estarão preparados para evitar fracassar diante das armadilhas que o posto lhes propõe.

Os líderes, na sua missão de desbloqueio do potencial de motivação, deveriam favorecer "mais conversas, menos e-mails, mais estilos pessoais de comunicação". A eficácia deles está em ser mais "apreciativo e cuidadoso" quando se trata da excelência, buscando "seu desenvolvimento emocional e espiritual e sua autonomia". Esse é um limite sutil que o distancia do típico gerente cuja principal missão é manter apenas a identidade organizacional, como propõem Goldstein, M. e Phil, R. ((2011), p. 113) – daqui para diante essa perspectiva terá cada vez mais importância.

O disfarce da motivação

A sobrevivência das organizações depende em muito da motivação daqueles que nela trabalham. Como não conseguem motivá-los, os líderes precisam trabalhar no sentido de que eles não percam a motivação que possuíam já no primeiro dia de trabalho. Como propõe Senge, P. (2011, p. 20-21), "deve ser cada vez mais urgente manter as pessoas motivadas e orientá-las para uma mudança real". O que pede a criatividade e requer "que o colaborador aprenda a ver a organização como uma comunidade humana". São necessários confiança, reciprocidade e profundo desejo. Mais adiante, Senge alerta: "não se esqueça de descobrir o que os indivíduos querem". Todo esforço é pouco para se conseguir que os líderes ponham em prática essa competência.

> *Os líderes, na sua missão de desbloqueio do potencial de motivação, deveriam favorecer mais conversas, menos e-mails, mais estilos pessoais de comunicação.*

Quando o verdadeiro líder possui conhecimento personalizado dos seguidores, está em condições de ajudá-los no processo de ajustamento viável apenas a partir da caracterização das formas próprias de cada um interagir com seu meio ambiente. O êxito adaptativo apoia-se na percepção individualizada da realidade ambiental. Essa é a grande oportunidade que se apresenta para o líder desempenhar seu papel de orientador, como afirmam Tjosvold, D. e Tjosvold, M. M. (1995, p. 19) ao explorar o fato de que "os empregados devem ver de que forma seus objetivos individuais se encaixam aos objetivos do grupo e da organização", o que representa promover, ao mesmo tempo, as próprias necessidades, valores e aspirações.

Amabile, T. M. e Kramer, S. J. (2007, p. 42-53), quando se referem à vida interior no trabalho, não esquecem a sua inter-relação com o estado motivacional de cada um. Para os autores, aquilo que ocorre no trabalho tem o poder de deflagrar imediatamente "processos cognitivos, emocionais e motivacionais". O desenrolar desses processos representa um impacto sobre o indivíduo que pode até modificar algo no conjunto das necessidades motivacionais e do "modo como o indivíduo desempenha a sua função". Concluem ter observado que "o nível de motivação intrínseca tem ligação direta com o nível de desempenho geral" e depende do sentido que for dado àquilo que se faz.

A motivação é liberada principalmente quando o líder facilita o envolvimento dos seguidores no processo decisório. Como esclarece Thomas, K. W. (2010, p. 33), a "autogestão é uma questão importante". Portanto, "as principais recompensas que motivam o envolvimento do funcionário advêm diretamente do próprio envolvimento". Isso determina a necessidade de "sentir-se adulto", bem como saber que é dono da própria vida.

> *Amabile e Kramer observaram que o nível de motivação intrínseca tem ligação direta com o nível de desempenho geral e depende do sentido que for dado àquilo que se faz.*

Capítulo 2

Fica cada vez mais evidente a necessidade de se abandonar velhas crendices sobre o comportamento humano no trabalho. O preparo de líderes competentes é algo que não se pode postergar e esse preparo diz respeito principalmente a oferecer condições de atender o muito que deles de espera. Cameron, E. e Green, M. (2009, p. 188) apontam esse momento crítico no qual é preciso "coragem, sentido de propósito, capacidade de controlar suas emoções, integridade elevada e uma vasta gama de habilidades para conduzir a mudança". Não é hora de brincar com qualquer disfarce de motivação.

Poli, M. (2017, p. 44-46) propõe que, para "atrair e reter os melhores profissionais quando o mundo muda o tempo todo, os conceitos clássicos do mercado de trabalho passam por intensa ressignificação". Poli aproveita o dizer de Marcia (RH do Burger King) e afirma que o "segredo frente às rápidas mudanças é não perder o foco nas pessoas". Assim, "além de líderes capazes de enfrentar os próprios vieses e de navegar por águas agitadas", é necessário ter que "atrair talentos vendendo a eles um propósito" – forma essa de agregar valor às organizações. Fica também claro que cada vez mais o processo de manter motivados aqueles que trabalham há que ser rapidamente reativo.

Disfarce da motivação

Embora a maioria das pessoas busque ser bem-sucedida naquilo que faz, é possível descobrir que não é totalmente fácil e prazeroso chegar até o sucesso – é preciso ter consciência disso para tanto. No geral, espera-se pouco dos que não são bem-sucedidos. Em compensação, exige-se muito dos bem-sucedidos, que precisam sempre melhorar seu desempenho aos olhos do mundo – embora busquem esse resultado, é trabalhoso chegar até ele. É comum encontrar pessoas que escondem seus fracassos, sentindo algum constrangimento em discorrer sobre suas forças pessoais, principalmente no ambiente organizacional, onde isso é conhecido como falsa modéstia.

Indivíduos pessimistas declaram que nada dá certo na sua vida e atribuem a um único insucesso todo o mal-estar que ele provoca na sua maneira pessoal de ser. Isso caracteriza o enfoque que reflete baixa autoconfiança, que estreita valor próprio. Embora sentir prazer seja uma necessidade normal de todo ser humano, a pessoa parte à busca de novos desafios cada vez mais difíceis de ultrapassar, submetendo-se a novas situações progressivamente mais arriscadas. O grande perigo da busca de dificuldades geometricamente crescentes é chegar a algum estado no qual haja envolvimento com um número maior de atividades do que se conseguiria normalmente levar a cabo, prejudicando assim a qualidade do trabalho que ainda não terminou. Todo cuidado é pouco para não sucumbir aos encantos da busca do sucesso.

O disfarce da motivação

Antes de mais nada, a sensação de insucesso contínuo nasce e se fortifica no interior de cada um, independentemente muitas vezes daquilo que está ocorrendo ao redor. Trata-se da forma como cada um vê e interpreta aquilo que acontece e não foi programado por ninguém mais.

As análises propostas por Lowe, S. (2015, p. 45) a respeito do pessimismo ou otimismo com relação a considerações de cada um a respeito da própria vida ilustram tais predisposições. Quando alguém "acredita que a única sorte que sempre terá é a má sorte", é assim que passará sua própria vida. Aquilo que mais preocupa a autora é que quem "acredita ser uma pessoa azarada" deve estar se considerando como alguém "que tem pouco ou nenhum controle de suas circunstâncias". Para Lowe, "nós somos os nossos pensamentos". Esses pensamentos são autorrealizáveis; "é bem por isso que criam emoções correspondentes". Acrescenta, ainda, que "seus pensamentos criam seu mundo". Há sempre possibilidades de tornar sua vida ainda melhor, com autonomia e poder para buscar aquilo que realmente se quer.

Conforme aponta Capelas, H. (2014, p. 29), "a felicidade está ligada a 'não sofrer'". Por isso, "o percurso que ajudará a chegar à satisfação e ao bem-estar fica sem exceção do lado de dentro" e não depende de benefícios extrínsecos. Segundo a autora (p. 36), "cada um internalizou uma visão, assim como uma expectativa do que seja ser feliz". Por

> *Há sempre possibilidades de tornar a vida ainda melhor, com autonomia e poder para buscar aquilo que realmente se quer.*

isso é que jamais será possível ditar regras para ao mesmo tempo tornar todas as pessoas felizes ou infelizes. Tudo depende das necessidades e valores que cada um procura em dado momento. "Calma, tudo bem, vai dar certo. Você já está em outro caminho e patamar", acrescenta a autora. Não há justificativa para adotar outra atitude. Muitas vezes se está convicto de que o velho comportamento poderá parecer mais fácil. A melhor saída é não desistir, é ir em frente sempre.

Recomenda-se tomar cuidado com qualquer disfarce da motivação. Entender que ela não cai do céu, nem existe por milagre. Em um trabalho consciente, é preciso mergulhar principalmente nos porquês das próprias ações, analisando de onde vieram e o que buscam. Fazer isso pede o abandono de fantasias inexplicáveis – colocar o pé na realidade e procurar desvendar aquilo que ela significa ajuda a reconhecer se no momento em que se vive existe ou não alguma espécie de motivação em jogo.

Para Kets de Vries, M. F. R. (2014, p. 237), o "sucesso e fracasso andam de mãos dadas", todavia "costumamos aprender mais com o fracasso do que com o sucesso". O autor admite que esse sucesso esteja associado "com a habilidade de ir de fracasso em fracasso sem perder o entusiasmo". Tais pessoas "abominam a mediocridade: querem ser as melhores no que fazem". Para tanto, buscam fazer "as coisas comuns de maneira extraordinária". Não promoverão estrondosos feitos,

Capítulo 2

mas conseguirão transformar o habitual em extraordinário, sendo considerados como bem-sucedidos.

Landesberg, M. (1999, p. 95) recomenda que se deva ter muito cuidado ao usar o termo *medo do fracasso*, por duas razões principais: ter medo pode significar ser um fracasso na vida, por isso é melhor não abandonar a luta e procurar alcançar a excelência. É preciso cautela ao se falar sobre o medo do fracasso. Por outro lado, aqueles que têm medo de fracassar em determinada tarefa pensam que "é melhor nem tentar", por isso sentem-se impedidas de tomar qualquer providência, o que leva à desmotivação. Esse sentimento pode estar em um nível inconsciente, e a pessoa sente-se desmotivada, afundando na vida para não ter de fazer esforço de se ajustar ao sucesso.

> *Segundo Capelas, o percurso que ajudará a chegar à satisfação e ao bem-estar fica sem exceção do lado de dentro e não depende de benefícios extrínsecos.*

Mckee, A. (2017, p. 62-69) acusa ter conhecido muitos que escondem qualquer coisa que os faça parecer fracos ou vulneráveis, "porque acham que devem ser fortes o tempo todo". Para a autora, a "autoconsciência emocional é a capacidade de perceber e compreender os próprios sentimentos". É preciso "reconhecer como eles influenciam os pensamentos e as ações". Deixa claro que a felicidade está nas mãos de cada um.

Brown (2013, p. 141) propõe que no contexto organizacional a "vergonha só triunfa nos sistemas em que as pessoas desistem de se comprometer com algo para se protegerem", pretendendo que sua vulnerabilidade inexista. Quando "estamos desmotivados, nós não nos mostramos, não contribuímos e deixamos de nos importar" – como forma de evitar que sejamos atingidos.

Kohlrieser (2013, p. 39) propõe que ser livre perante qualquer sucesso exagerado significa administrar nossas emoções, influenciando positivamente as emoções dos outros. Surge então a possibilidade de "não se tornar um refém", mantendo a "autoridade interior" capaz de "mover montanhas" sob todos os aspectos. Não se tornando o próprio refém do sucesso e sendo "verdadeiramente autêntico". Trata-se da liberdade de fazer uma escolha consciente, "e ser feliz é uma escolha que deve ser feita tão frequentemente quanto possível, tendo o cuidado de tratá-la bem.

Através do controle, cada um chega à maturidade emocional e está em condições de tomar as rédeas da própria vida, assim como do bem-estar no trabalho que desenvolve, dando um valioso impulso à sua criatividade. Não se deve deixar de celebrar o sucesso atingido, todavia é importante saber quando se torna necessário frear para que esse sucesso não se transforme em fracasso, uma vez que até uma coisa boa usada em excesso pode tornar-se ruim.

Ser bem-sucedido não quer dizer ter sucesso notório perante todos aqueles com os quais se convive. O verdadeiro sucesso é aquele que traz tranquilidade interior e confiança em si. Betz, R. (2014, p. 181) propõe que a "pessoa está verdadeiramente empenhada e compreende a abundância, a beleza e as realizações que ocorrem". No momento em que "segue o chamado do seu próprio coração e permanece fiel a ele". É assim que *se vive a própria vida como original e não como uma cópia*. Viver dessa forma é aceitar-se e caminhar rumo ao verdadeiro conforto pessoal.

> *Conforme Brown, quando estamos desmotivados, nós não nos mostramos, não contribuímos e deixamos de nos importar, como forma de evitar que sejamos atingidos.*

O verdadeiro sucesso aumenta a confiança no uso adequado dos recursos pessoais. É necessário dosar a abrangência e o tipo de sucesso que se pretende. Dê uma trégua a si mesmo e não se torture se no meio do caminho alguns erros foram cometidos. Não se pode ter sempre o olhar fixo nos erros, mas dar oportunidade ao sucesso.

Magalhães, D. (2014, p. 24) acusa que "é o medo de mudar e não agradar, de ser rejeitado e fracassar que impede alguém de viver plenamente". Cada um se realiza quando os demais o reconhecem como alguém especial. "Padronizar em vez de valorizar a individualidade" – não se deve tratar todos da mesma maneira –, "condutas que impõem tratamento igual aos indivíduos [...] podem minar a expressão salutar das diferenças individuais" (p. 42). Magalhães propõe que se deem condições para que cada um possa ser "excelente na própria competência". Agir com cuidado ao usar os próprios pontos fortes, sem enfatizá-los desnecessariamente.

Alguns se sobressaem nas artes e não nos esportes. Alguns podem ser geradores de forças, mas não aparecem por sua reconhecida meticulosidade, e assim por diante. Isso é ser *"gente"* para não afastar aqueles com os quais convive. Não se deve ter medo do sucesso; ele faz bem.

Para Osório, L. C. (2013) e Garcia, L. F. (2012, p. 70), é preciso se desenvolver, "aprender a pensar de frente para trás, estabelecendo em primeiro lugar o que se espera que ocorra ao fim de determinado processo". É importante estabelecer os passos do percurso, o que representa alguma coisa "extremamente simples", mas que pode "modificar consideravelmente os resultados alcançados". Não se pode ter medo de errar. Isso leva as pessoas a não darem o melhor de si.

A corrida do ser humano em busca da perfeição nunca foi novidade. Atrás dessa busca está o medo de errar, pondo assim os pontos fracos à mostra tanto física como psicologicamente. Principalmente no contexto organizacional, as pessoas fazem o possível para esconder seus defeitos, considerando-os pontos fracos. Não se pode ter vergonha de ser humano.

Cury, A. (2014, p. 122) propõe começar tudo de novo depois de tropeçar, não deixando que as dificuldades o derrubem durante a luta. Pessoas assim são "sábios e amantes da alegria", conseguem viajar para dentro de si mesmas. Todavia, "a

Capítulo 2

grande maioria de nós provavelmente conhece no máximo a antessala da própria personalidade", uma vez que o sucesso só pode ser atingido pelo uso correto do reduto dos pontos fortes que tipificam a personalidade.

A perda de tempo em tentar corrigir os pontos fracos tem sua origem principalmente no temor que as pessoas experimentam com frequência, originado pelo medo do fracasso. É mais difícil ter sucesso do que fracassar. De forma quase que automática, atribui-se àquele que tem sucesso a impossibilidade de errar – essa pessoa praticamente não tem o direito de falhar. Mckee, A. (2017, p. 66-69) diz: "pessoas felizes funcionam melhor do que as infelizes". Não se deve esquecer disso.

> *Mckee diz que pessoas felizes funcionam melhor do que as infelizes.*

Kohlrieser, G. (2013, p. 97) aponta que "os que têm medo do fracasso são frequentemente incapazes de explorar e assumir riscos que podem levar ao sucesso", o que foi gerado pelas próprias "inseguranças". Para o autor, "pessoas bem-sucedidas frequentemente fracassam muitas vezes antes de atingir o sucesso". Explicando-se melhor, Kohlrieser aponta que esse "medo do sucesso acontece quando o indivíduo está tão apegado à meta e às pessoas que evita o sucesso ainda maior" como forma de evitar ter que enfrentar a perda que vem depois do sucesso. O mais interessante é que atingir uma meta significa ter que abrir mão do sonho de ir em busca da próxima meta. Caso não se consiga "lidar com a perda de uma meta e então encontrar uma nova, poderemos ser tomados como reféns", perdendo os "alicerces da autoestima que estão baseados em sentimentos fundamentais: ser amado e sentir-se valorizado". Essa abertura a tudo aquilo que vem de fora representa a dinâmica subjacente da alegria de viver quando cada um está ciente dos seus desejos e necessidades e, além disso, consegue "agir em relação a essas necessidades", bem como "conseguir uma reação do ambiente", sendo capaz de "encontrar satisfação e prazer no resultado" que foi atingido.

A preocupação conosco deve permitir sabermos "que somos competentes" para "agir mesmo diante da frustração e do fracasso", o que denota a característica da autoestima elevada. O autor introduz o conceito de resiliência, que é o processo de se adaptar bem diante da diversidade e aprender com as experiências difíceis. É quase como se a autoestima desse a cada um "revestimento de teflon para a alma". Quando não existe a predisposição de ser resiliente, não há possibilidade de responder a novos desafios e vencê-los.

Magalhães, D. (2014, p. 94), embora não se refira propriamente ao sucesso, recomenda buscar "conhecer melhor a si mesmo e perceber qual é o seu propósito de vida, uma missão neste mundo". Além disso, cada um precisa gastar algum tempo procurando "saber o que dá sentido a sua vida". Como resultado, irá aprender muito "sobre quem é", bem como "o que precisa fazer para ser feliz". Pessoas felizes não temem seu sucesso e por isso não fogem dele. São capazes de curti-lo em seu próprio benefício. É importante valorizar aquilo que Magalhães chama de "DOM", que é a dádiva que honramos quando o transformamos em talento por meio da prática.

Esse dom "é a nossa verdade mais essencial", a "felicidade com sucesso é o resultado do dom", tendo muito a ver "com aquilo que motiva aliado à competência aprimorada". Ele "dá sentido à vida de onde podemos extrair a felicidade" e reside na ligação que tem sobre "preferências pessoais e possibilidades reais". Será um crime esquecê-lo no fundo do baú dos recursos potenciais de cada um.

Não conseguirá ser feliz aquele que não gosta de si e não curte seus pontos fortes. Administrar a felicidade pessoal é não perdê-la de vista, pois ninguém nasceu para ser infeliz.

> *Magalhães recomenda buscar conhecer melhor a si mesmo e perceber qual é o seu propósito de vida, uma missão neste mundo.*

Seja aquilo que você é

Katcher, A. (1985, p. 21), no prefácio do seu livro, é enfático quando aponta para o rigor que as pessoas usam ao se avaliarem. O importante é que cada um aprecie aquilo que já tem, "perceba e lidere as próprias forças, administrando sua maneira singular de fazer as coisas". É necessário parar "de se censurar através de queixas e começar a fazer aquilo de que são capazes". É importante aceitar-se para evitar a pressão que esmaga o próprio valor e dilui o sonho de um dia ser completamente feliz.

O autor acrescenta que "conhecer a si significa que você pode confiar na sua intuição e mergulhar no seu interior quando for necessário tomar decisões". É reconhecido que, quando a pessoa se sente feliz consigo, é porque "provavelmente esteja tomando a decisão certa". O contrário acontece quando se sente "desconfortável a respeito de [não estar] fazendo o que seria melhor para você". O caminho para a felicidade é sinalizado pelo estado interior de conforto e bem-estar pessoal.

Para Katcher, um dos aspectos mais negativos do próprio ajustamento é despender certa quantidade de tempo acusando-se pelo que não é, desperdiçando uma parte preciosa da sua vida "tentando ser alguém diferente de você". Como resultado, passa a ser "pouco provável que encontre o modelo de comportamento perfeito a seguir". Ninguém pode ser substituído por ninguém mais nessa valiosa empreitada. "Errar é humano", todavia essas palavras parecem estar flutuando no ar, não descendo quase nunca à terra. Ninguém quer errar e as pessoas escondem seus erros para não mostrar seus pontos fracos.

Insistir em desenvolver mais aquilo que não se tem é perda de tempo. Algumas pessoas ainda não perceberam que, ao fazê-lo, estão se esquecendo de se responsabilizar por aquilo que são e pelo que é mais importante para si, planejando

Capítulo 2

estratégias que levam, como diz Cury, A. (2014, p. 67), a "ser feliz como uma decorrência do sentimento de gratidão pela vida". Trata-se de "cultivar a gratidão que pode ser o melhor caminho para a felicidade", uma vez que felizmente nada cai do céu, principalmente aquilo que valoriza.

> *Para Katcher, conhecer a si significa que você pode confiar na sua intuição e mergulhar no seu interior quando for necessário tomar decisões.*

Quando alguém se impõe padrões muito altos de realização, é necessário ter cautela para não sair frustrado. Brown, B. (2013, p. 117) recomenda que é necessário "prestar atenção no espaço que separa o lugar onde estamos do lugar onde queremos estar". É necessário "alinhar nossos valores com nossas atitudes". Não se trata de sermos o retrato da perfeição, mas sim de avaliar se as atitudes que se tomam não constrangem os valores anteriormente assumidos pela própria personalidade e conscientemente aceitos. É necessário considerar que as virtudes se coadunem com a visão de mundo.

Betz, R. (2014, p. 71) defende que o "mais importante é cuidar de si mesmo da melhor maneira possível", o que significa "usar o poder e a capacidade de se conduzir rumo à felicidade". Trata-se de uma tarefa que "é exclusivamente sua". Quem vive essa predisposição precisa fazê-lo de forma consciente e natural para que as coisas mudem em torno de si. Acrescenta o autor: "a inconsciência é a maior causa do sofrimento" e não oferece base para se construir nada que valha realmente a pena, sendo isso o que qualifica como a "fase segura e tão necessária". Ter consciência de si prepara a pessoa para oferecer livre curso aos pontos fortes, para instalar-se na sua área de conforto e ser mais feliz.

É necessário concentrar-se no potencial contido nos pontos fortes e reorganizar a própria vida de tal forma que esses recursos pessoais trabalhem o maior tempo possível na linha da própria produtividade. Não existe ninguém que tenha apenas pontos fortes, de onde vem a importância de que se tire o maior partido possível deles, de modo a caracterizar claramente sua individualidade e seu vigor.

Greene, R. (2013, p. 321), ao falar dos caminhos para chegar à maestria, recomenda que o principal "é identificar as próprias forças mentais e trabalhar com elas". Para chegar à maestria no próprio trabalho, é preciso que ele seja uma "fonte de alegria", bem como protagonize "uma luta constante e exaustiva para superar as próprias insatisfações". É preciso também "sondar em profundidade o próprio interior", da forma mais realista possível, para ser emocionalmente maduro.

Greene coloca nas mãos de cada um o poder de se sobressair na sua área de especialização e ser reconhecido como tal, como acontece com aqueles que ficaram na história, como Leonardo da Vinci, Albert Einstein, Marie Curie, Ingmar Bergman, Wolfgang Amadeus Mozart, Jean-François Champollion e muitos outros.

O que há de comum entre eles é a sua luta persistente e incansável para defender aquilo em que acreditavam.

Muitos programas de treinamento e desenvolvimento de pessoal nas organizações, por muitos anos, tomaram o caminho errado. O planejamento desses programas visava apenas analisar e corrigir fraquezas para que os erros

> *Greene diz que, para chegar à maestria no próprio trabalho, é preciso que ele seja uma fonte de alegria.*

passados não se repetissem. O ambiente nas salas de aula era angustiantemente desconfortável, uma vez que se despachava o pessoal para tais programas a fim de que tivessem suas fraquezas corrigidas, ignorando ou minimizando a atenção sobre seus recursos pessoais. Esses programas foram ridicularizados por aqueles que passavam por eles e começaram a acreditar que nada daquilo que lhes era oferecido teria alguma utilidade em torná-los mais felizes no seu trabalho. É recomendável evitar interpretações e críticas destrutivas como, por exemplo, mandar para um curso sobre liderança aqueles chefes mal avaliados pelos seguidores.

Brown, B., em seu livro *A coragem de ser imperfeito: como aceitar a própria vulnerabilidade, vencer a vergonha e ousar ser quem você é pode levá-lo a uma vida mais plena* (2013, p. 9), acredita que ser vulnerável "não é conhecer vitória ou derrota; e compreender a necessidade de ambas é se envolver, se entregar por inteiro", revendo aspectos que merecem ser mais bem trabalhados.

A "vontade de assumir riscos e de se comprometer com a nossa vulnerabilidade" irá certamente determinar o alcance da nossa coragem e a clareza do nosso propósito. O papel da vulnerabilidade é "o âmago, o centro das experiências humanas significativas". As pessoas podem *"abraçar o mundo a partir da autovalorização e do merecimento"*. É preciso coragem para viver a própria vulnerabilidade e não negá-la.

Pouca ou nenhuma atenção era dada aos pontos fortes do participante, que acabava por saber somente o que *não deveria fazer*. Esse tipo de abordagem representa o já muito conhecido *Feedback* Negativo, com todos os males que ele possa oferecer repercutindo negativamente sobre a autoestima. E esses programas eram levados a efeito em lugares requintados que deveriam agradar os participantes – os quais, sentindo-se de mãos atadas, terminavam invariavelmente aborrecidos. Como diz Kohlrieser, G. (2013, p. 50-51) numa entrevista recente, "quando algo não dá certo, é hora de dizer adeus ao que funcionava antes e melhorar para o que vem de novo". Essa necessidade legítima vive muitas vezes abafada no interior de alguns que "experimentam a sensação de não ter poder sobre a própria vida". Parece que estão sufocadas pela falta de ar provocada pela sua aparente incapacidade de lutar, e que a felicidade é apenas um mito distante, e se prende às recompensas extrínsecas como o dinheiro, o conforto físico e um posto elevado sem nenhuma ligação com aquilo que vem do interior profundo de cada um e que dá sentido àquilo que fazem.

Capítulo 2

Uma vez encontrado o caminho da própria felicidade, é necessário fazer todo o possível para não perdê-lo mais, não deixar que nada nem ninguém interrompa esse percurso. Muitas vezes, alguns elementos perniciosos da vida feliz vêm maquiados das melhores intenções, o que dificulta percebê-los a tempo antes que se tornem imbatíveis.

> *Uma vez encontrado o caminho da própria felicidade, é necessário fazer todo o possível para não perdê-lo mais.*

As pessoas escondem seus pontos fracos sob o ponto de vista psicológico, ao mesmo tempo que não escondem seus machucados físicos dos quais é possível até tirar algum proveito. Quando se comete um erro visível, é comum acusar algum mal-estar físico como, por exemplo: errei esta parte do trabalho por causa de uma forte dor de cabeça. Todavia, o mais importante é o fato "errei", não as suas causas (dor de cabeça). Mesmo que não se pergunte à pessoa, ela sempre se desculpa pelos erros cometidos. Como diz Gottlieb, D. (2015, p. 29), "enquanto abandonamos os julgamentos sobre nossa ingenuidade, nossa fraqueza, nossa sensibilidade, nossa confiança ou nossa compaixão", estaremos prontos para "nos sentir confortáveis para tomar posse de algo que sempre esteve conosco" – só que não tínhamos percebido seu devido valor. Não se pode temer o valor do próprio sucesso – o melhor a fazer é festejá-lo.

O otimismo é algo a ser conquistado através da luta pela aceitação de si, quer com relação aos pontos fortes ou às fraquezas que convivem dentro de cada um. Pereira (2015, p. 60) aborda a necessidade de esconder a idade como se ela fosse um ponto fraco, fazer "de tudo para escondê-la". Será isso um ponto verdadeiramente fraco? Para o autor, o fato de envelhecer é sem dúvida "uma dor que só pode ser contornada pela capacidade de resiliência". É necessário "adaptar-se a essa fase da vida buscando descobrir nela seus encantos". Como o envelhecimento, muitos aspectos vividos e considerados danosos apresentam seu lado positivo. Tudo depende de como são vistos pelas pessoas. Nunca se viu o pessimismo pagar alguma dívida.

> *O sucesso motiva, no entanto, a quase vitória – a constante autocorreção de uma trajetória curva – pode nos impelir numa busca contínua.*
>
> (Lewis, S. 2015, p. 662)

3 Motivação consciente

- ✓ Razão e motivação
- ✓ O líder que motiva
- ✓ Armadilhas da motivação consciente
- ✓ A falsa motivação
- ✓ Criar motivação
- ✓ Motivação e trabalho
- ✓ Satisfação e insatisfação motivacional
- ✓ Um final feliz

*Aprender com os próprios erros é
uma oportunidade de crescimento.
Mantenha uma atitude positiva e
acredite que você alcançará um novo
resultado no próximo desafio.*

(Heath, R., 2011)

Capítulo 3

Nem tudo que ocorre com as pessoas é de conhecimento delas. Isso faz parte da economia psíquica como recurso de se combater o desgaste. Além disso, cada um direciona sua atenção para perceber no mundo aquilo que mais interessa naquele momento. Essa é uma forma de poupar-se.

Boa parte daquilo que se faz é consciente, no entanto algumas das ações escapam da memória, e não se sabe com clareza por que se agiu de determinada maneira. Isso não representa estar errado. Foi simplesmente um gesto automático cujas raízes podem viver há tempo dentro de cada um.

Até certo ponto, as pessoas sabem o que buscam e como agir para chegar ao que pretendem. Quando se trata da motivação consciente, elas conhecem aquilo que está ocorrendo e podem descobrir com maior facilidade se tomaram o caminho certo que as levará à sua maior satisfação pessoal, o que lhes permite gerenciar seus pontos fortes a contento.

Há grande interesse em saber aquilo que leva as pessoas a serem mais produtivas e competentes. O grau de certeza que se pode ter com relação às conclusões de muitas pesquisas não é definitivo quanto à segurança que oferecem suas recomendações. Algo chama a atenção, como diz Michel, S. (1994, p. 11): "a gestão da motivação diz respeito às práticas das quais as organizações se servem mais do que às expectativas dos indivíduos". A autora acredita que a motivação para o trabalho não representa uma "necessidade absoluta do indivíduo". As organizações é que se sentem mais ameaçadas com a falta de motivação. O indivíduo precisa trabalhar para ganhar sua vida, quer esteja motivado ou não. Trata-se de uma contingência da qual ele não pode, nem tem como escapar. Michel, S. (p. 93) diz que "a motivação leva a agir e esse prazer de agir em si mesmo representa uma espécie de aposta", cuja vitória poderá dar certo ou não, que os padrões de desempenho sejam factíveis e que as pessoas tenham as habilidades necessárias, bem como estejam desejosas de tanto.

> *Michel diz que a motivação leva a agir e esse prazer de agir em si mesmo representa uma espécie de aposta, cuja vitória poderá dar certo ou não.*

Como propõe Kanter, R. M. (2010, p. 83), os empregados das "empresas de vanguarda" aprendem a "fazer parte de uma comunidade", que é o seu ambiente formado por "um ecossistema de negócios no qual os padrões são conhecidos". Além disso, "as expectativas são definidas" especialmente naquilo "que se refere aos valores". Com isso, aqueles que trabalham podem se autodirigir com vistas ao objetivo que deve ser atingido. Para tanto, esse desempenho busca sua força nas pulsões motivacionais. Como resultado, as pessoas que vivem nesse ambiente evidenciarão "um profundo conhecimento do que ocorre fora da empresa, pensamento criativo, excelente trabalho em equipe e o poder da persistência".

É necessário articular a meta do trabalho com clareza, caso contrário "a frustração de rodar em círculos e não sair do lugar abala a vida interior no trabalho, derrubando a motivação" (Amabile, T. M.; Kramer, S. J., 2007, p. 42-53). Mais do que em qualquer outro lugar, é no trabalho que as pessoas querem se sentir confortavelmente seguras do seu bem-estar pelo uso produtivo dos pontos fortes que têm.

Razão e motivação

Como propõem Gazzaniga, M. S. e Heatherton, T. F. (2005, p. 40), desde que "as pessoas começaram a pensar, elas começaram a pensar sobre outras pessoas". Como explicam os autores, "as pessoas estão constantemente tentando entender o que move os outros". Cada um sente "um forte desejo de entender os demais". Esse desejo cobre entender "seus motivos, pensamentos, desejos, intenções, humor e ações". Em especial, elas estão "constantemente buscando entender o que move as outras pessoas", e isso quer dizer: suas motivações pessoais.

Sisodia, R. S., Sheth, J. N. e Wolfe, D. B. (2008, p. 65) acreditam que é necessário "preservar nossas estruturas mentais ou visões de mundo porque precisamos manter um equilíbrio mental". Para tanto, cada um deve ser capaz de selecionar e organizar "as informações que

> *É no trabalho que as pessoas querem se sentir confortavelmente seguras do seu bem-estar pelo uso produtivo dos pontos fortes que têm.*

chegam de modo a preservar a integridade de nossas visões de mundo". A "proteção de nosso sistema de crenças se sobrepõe à necessidade pragmática de mudar nossas crenças". Os autores propõem que Daniel Goleman, nos estudos feitos por ele em mais de 500 empresas bem-sucedidas, afirma "que autoconfiança, autoconsciência, autocontrole, o comprometimento e a integridade" levam as empresas e seus empregados "a serem mais bem-sucedidos", o que depende da força do potencial motivacional que cada um tem.

McKee, A. (2017, p. 63-69) escreve um maravilhoso artigo – "Por que sabotamos a felicidade no trabalho" – que começa com a seguinte frase: "A vida é muito curta para sermos infelizes no trabalho." A autora relata que em 1917, segundo a Associação Americana de Psicologia, "os americanos reclamavam de estresse devido à política, à velocidade das mudanças e às incertezas do mundo", o que representa um momento delicado e pode levar à autossabotagem. Portanto, parece que são as pessoas que não parecem saber lidar com as dificuldades atuais. O clima negativo que impera teve origem na ambição combinada com a hipercompetitividade e com o foco exclusivo na vitória. Assim sendo, cada um é responsável pela situação difícil por que passam as organizações.

Para a autora, as pessoas se tornam cegas "ao impacto de nossas ações sobre nós mesmos e sobre os outros, prejudicando os relacionamentos e a colaboração". Como resultado, o ambiente de trabalho torna-se insalubre, portanto "começamos

Capítulo 3

a buscar objetivos só para atingir as metas; e o trabalho perde o significado". Estar motivado e manter essa motivação ao longo do tempo mostra-se, assim, inviável.

Especialmente no contexto de trabalho, é possível verificar o processo consciente da motivação conforme descrevem Bowditch, T. L. e Buono, A. F. (1992, p. 54), quando abordam a motivação baseada no meio ambiente no qual "a interação que ocorre entre as pessoas e as organizações se baseia no senso permanente de reciprocidade e influência mútua". Ambos estão conscientes do valor das trocas. Trata-se de uma espécie de aposta que a pessoa faz com relação ao seu futuro, a partir das interferências tiradas daquilo que guardou das experiências anteriores.

Como aconselha Lowe, S. (2015, p. 35), "se você não gosta de alguma coisa altere-a". Além disso, "se você não pode alterá-la, mude sua maneira de encará-la", mas sobretudo só se conseguirá esse feito se ele ocorrer racional e conscientemente, o que representa uma luta pessoal pela própria motivação.

A dimensão central do controle é a *escolha* (também chamada de autodominação ou autonomia). Quando as pessoas escolhem tudo nas suas vidas – comportamentos, pensamentos, sentimentos, doenças, o corpo e as reações – elas possuem completa autodeterminação.

> *Começamos a buscar objetivos só para atingir as metas; e o trabalho perde o significado.*

Não existe autodeterminação quando as pessoas agem como se a vida delas fosse decidida por forças externas – sorte, coincidência, destino, fator econômico, ambiente, sociedade, influência paterna, infância, as leis e predeterminação. Por vezes, as pessoas desejam que alguma coisa ou alguém diga a elas o que fazer.

Há momentos em que as pessoas sentem que não escolheram sua vida o suficiente. Que nunca estão fazendo aquilo que gostariam de fazer. Sentem-se obrigadas por alguém mais forte ou alguma coisa, ou bloqueadas para conseguir aquilo que querem de alguém mais forte. Isso pode ter uma forte implicação no relacionamento de trabalho, especialmente no caso de conflitos. Sentir-se manipulado pelo chefe faz com que essa pessoa atribua-se a culpa por não assumir compromissos na prática. É possível concluir que a pessoa esteja se sentindo culpada por isso, o que a faz sentir-se como um empregado que tem consciência de que quer fazer um bom trabalho; a alternativa adotada é sentir-se indolente e indiferente a respeito do próprio desempenho.

Amabile, T. M. e Kramer, S. J. (2007, p. 42-56) falam sobre aquilo que denominam "vida interior no trabalho" como a "interação dinâmica" entre a percepção, a emoção e a motivação. Para eles, a "motivação é a compreensão daquilo que precisa ser feito e o impulso para agir em um momento qualquer". A motivação pode estar até oculta ou dormente. Por meio do exercício de introspecção, a pessoa terá acesso a tais conteúdos e consequentemente poderá escolher fatores de satisfação mais adequados que podem até estar no meio ambiente, mas são valorizados por uma predisposição interior.

Archer, E. R. T. (1978) representa um dos poucos autores que abordam a competência intelectual como recurso da motivação que faz sentir-se na pesquisa introspectiva para localizar qual o tipo de necessidade menos satisfeita. Voltada para o entorno, a razão localizará qual o fator extrínseco que satisfará essa necessidade. O autor é também um dos poucos que valorizam o processo consciente da motivação e aponta qual sua função, que não é apenas "acumular ou armazenar" aquilo que se percebe. O intelecto, segundo Archer, "irá também sistematizar, avaliar e classificar todo o conhecimento do qual dispõe, com relação ao objetivo de satisfazer as necessidades". Sem o concurso clarividente do intelecto, as chances de satisfação das necessidades são praticamente inviáveis. É importante não perder de vista a diferença entre a necessidade que energiza o comportamento e o intelecto que orienta a direção a ser seguida.

Algumas de certas conclusões a que chegaram as teorias da motivação parecem ser muito bem ilustradas pelos procedimentos da avaliação do desempenho no trabalho. Nota-se que, principalmente quando o avaliado participa

> *Para Amabile e Kramer, motivação é a compreensão daquilo que precisa ser feito e o impulso para agir em um momento qualquer.*

da caracterização que o avaliador faz a respeito da sua maneira de trabalhar com competência, passa a representar uma grande fonte de motivação para melhorar cada vez mais os níveis de desempenho no futuro. Já aquelas avaliações nas quais o interessado não participa e ignora a forma como é avaliado e classificado não surtem efeitos tão positivos. Nesse caso, avaliador e avaliado precisam ser preparados para que esse procedimento se desenvolva em um clima de conforto e abertura, para não parecer um simples ajuste de contas.

Para Coon, D. (2006, p. 127), cada um vive duas realidades. A primeira é a realidade interna, que representa "o campo do desejo, do que eu posso ser, da idealização e do sonho". Cada um consegue construir essa realidade. A segunda representa a realidade objetiva, que são "as coisas como de fato se apresentam". É normal tentar sobrepor "a realidade interna à realidade objetiva" no sentido de convencer-se de que a fantasia da pessoa funciona. Essa é uma das grandes razões pelas quais as pessoas tanto resistem ao processo psicoterápico que poderá mostrar aquilo que elas não desejam ser.

Thomas, K. W. (2010, p. 90) acredita que "a importância do *feedback* é óbvia". Ele propicia informações que as pessoas necessitam "para melhorar a sua competência". Sendo coerente com sua proposta, aponta que se deva evitar a todo custo o "*feedback* negativo" que pode prejudicar a autoimagem do avaliado. O autor recomenda que o avaliador se concentre "no fato de que o intuito das opiniões é ajudar" para conseguir a melhora do desempenho. O avaliado tira maior proveito desse encontro quando lhe é assegurado saber o que fazer para melhorar além do nível em que está.

Capítulo 3

O líder que motiva

Segundo Halvorson, H. G. (2014, p. 43), quando o avaliador, em contato com o avaliado, utiliza os julgamentos para que este último possa melhorar seu desempenho, muito provavelmente ele perceberá que pode dar "a si mesmo a permissão de errar", rebaixando assim o seu nível de ansiedade. Para a autora, "a ansiedade é o que mais interfere no desempenho; ela é o pior inimigo da produtividade" caso realmente ele esteja querendo melhorar seu nível e produtividade.

Halvorson, H. G. (p. 45) completa seu parecer afirmando que "acreditar que seu trabalho tem valor é uma das formas mais eficientes de permanecer motivado, apesar dos obstáculos". Esse é um recurso que comprova a importância do envolvimento "quando se interessam por aquilo que estão fazendo", uma vez que "se sentir envolvido é a melhor forma de se manter motivado". Essa predisposição diminui muito a oportunidade de errar.

> *Para Halvorson, acreditar que seu trabalho tem valor é uma das formas mais eficientes de permanecer motivado, apesar dos obstáculos.*

Cada pessoa pode trabalhar consciente e racionalmente na busca da sua satisfação motivacional. A sensibilidade e a competência dos líderes são consideradas como ponto crítico no auxílio a essa busca. As pessoas não aceitam ser manipuladas e seus líderes devem ser esclarecidos, saudáveis e psicologicamente seguros de si, tendo em vista o caráter consciente da motivação. Eles são os principais autores da desmotivação.

Maslow, A. (2000, p. 110) refere-se a pesquisas que permitiram conclusões tais como "os melhores gerentes nas pesquisas americanas parecem ser pessoas psicologicamente mais saudáveis do que gerentes considerados como ruins". Maslow também confirma que esses gerentes "aumentam a saúde dos trabalhadores que gerenciam". Não se pode ter um setor organizacional responsável pela motivação do seu pessoal. No entanto, preparar os líderes para agirem de forma a garantir o desbloqueio da pulsão motivacional é absolutamente factível. Só aquele que convive diariamente com alguém tem autoridade para influenciá-lo motivacionalmente.

A preparação dos líderes pode durar anos. Goldsmith, M., Fulmer, R. M. e Gibbs, P. (2001, p. 80-86), em um artigo cujo nome é muito sugestivo, *Incubadora de líderes*, apontam de início que "líderes que aprendem todos os dias podem ser a fonte mais valiosa da vantagem competitiva sustentável", fazendo com que muitas empresas estejam "investindo no desenvolvimento da liderança", por meio de programas que ajudam "seus executivos-chave a adquirir habilidades de liderança". Essas empresas não consideram esses vultosos investimentos como luxo, mas sim como uma "necessidade estratégica". Os autores apontam o nome de empresas de peso que pesquisaram, tais como Arthur Andersen, General Electric, Hewlett

Packard, Johnson & Johnson, Shell International e Banco Mundial, dentre outras. A importância que dão a essa atividade de escolha e formação de seus líderes fica mais efetiva quando existe a participação ativa do alto escalão. O desenvolvimento de liderança tornou-se "especializado demais para ficar apenas nas mãos de recursos humanos". Sem o apoio do alto escalão, "os processos de desenvolvimento de lideranças fracassariam" devido à absoluta falta de prestígio. A preparação de líderes intensificou-se com os processos de globalização, bem como com as rápidas mudanças tecnológicas enfrentadas pelas organizações na atualidade.

John P. Kotter (1997, p. 6-12) aponta a necessidade permanente que se tem de poder contar com bons líderes. O autor diz que confundir gerentes e líderes é um péssimo hábito, infelizmente muito disseminado. A preparação de líderes inclui a capacidade de "persuadir funcionários e outras pessoas importantes a aceitarem as ideias novas e implementá-las". O autor critica o ensino de administração, que parece mais voltado à formação de gerentes e não de líderes, quando, para ele, deveria ser o oposto, uma vez que cabe a eles disparar mudanças. Para Kotter, um líder eficaz precisa ter como apoio um gerente igualmente eficaz, para "manter o bom funcionamento de uma organização, preservando sua identidade", o que requer uma dose significativa de conhecimento sobre o comportamento humano.

Armadilhas da motivação consciente

> *A preparação de líderes inclui a capacidade de persuadir funcionários e outras pessoas importantes a aceitarem as ideias novas e implementá-las.*

Alguém que se engaja em determinada atividade espera ser recompensado por sua contribuição pessoal, sua dedicação, sua competência e, a partir daí, receber o tanto que admite valer a pena em termos da reputação de ser competente. Isso significa reconhecimento, independência e acesso a um mundo melhor. O desejo de trabalhar é considerado como uma expectativa natural do ser humano. Cada indivíduo busca, através de seu trabalho, uma oportunidade de atualizar sua competência potencial, como referencial de autoestima. Como diz Levy-Leboyer, C. (1994, p. 98): "Ninguém fará esforços se aquilo que o esforço traz é, em última análise, sem valor para si." Isso quer dizer que ninguém se esforça para receber nada, ou seja, algo não significativo.

Não é tão simples retribuir o esforço no trabalho. Como afirma Pink, D. H. (2010, p. 31), "as recompensas podem exercer um tipo estranho de alquimia comportamental", embora a intenção de oferecê-las seja a melhor possível. Por outro lado, elas podem "transformar uma tarefa interessante num estorvo". Essa premiação, quando inadequada ou oferecida no momento errado, pode "diminuir a motivação intrínseca, as recompensas podem derrubar o desempenho, a criatividade". O autor acusa que "a premiação estreitava o foco dos participantes,

Capítulo 3

limitava-lhes a habilidade de perceber uma solução criativa, distante do óbvio". O autor não condena de vez a premiação, mas aponta tantas dificuldades em usá-la que parece bem melhor evitá-las.

> *Cada indivíduo busca, através de seu trabalho, uma oportunidade de atualizar sua competência potencial, como referencial de autoestima.*

Cada um constrói a carreira profissional que tem para si precedência a muitos outros aspectos da própria vida. Martins, H. T. (2001, p. 31) esclarece que "a palavra carreira origina-se do latim *via carraria*, estrada para carros". Essa carreira tem objetivos intermediários subsequentes até a chegada a um grande objetivo final. Muitas vezes, esses subobjetivos podem não trazer tanta satisfação imediata, mas são suportados pela promessa de um final realmente valorizado.

As teorias comportamentais consideram o ser humano como capaz de fazer escolhas conscientes e racionais. Defender a pura racionalidade do ser humano significa partir de um modelo que não é próprio a ele e que nem de longe corresponde à sua realidade existencial. Tanto os processos cognitivos afetam aqueles de ordem emocional, como também os processos emocionais influenciam a aquisição e o processamento de informações racionais. A escolha de objetivos motivacionais leva sempre a marca das idiossincrasias individuais das opções que se faz por suas buscas e fugas. Esse colorido emocional impregna qualquer uma delas. Pode-se considerar o ser humano como tal, mas isso representa uma restrição à sua abrangência.

A apreciação mais importante com relação às teorias cognitivas reside no fato de que elas não levam em conta o diferencial das experiências vividas de cada pessoa. Como propõe Maslow, A. (s. d., p. 115), o percebedor "escolhe o que vai perceber e o que não vai perceber, relacionando-o com suas necessidades e temores intrínsecos". Essas teorias ignoram a importante restrição levantada pela psicologia social no tocante às diferenças individuais das distorções perceptivas da realidade. O percebedor distorce a realidade percebida como condição de manutenção de sua própria identidade para salvaguardar a própria autoestima. Autoestima, segundo Ferreira, A. B. H. (1977), é aquilo que se conhece como "idiossincrasia", que representa "a maneira de ver, sentir e reagir, própria de cada pessoa". Trata-se de uma condição mental única da própria pessoa.

O ser humano com facilidade se deixa afetar pelas variáveis do meio ambiente como esclarece Lowe, S. (2015, p. 185): "influências externas podem ser tanto positivas quanto negativas". Elas precisam ser examinadas com cuidado, uma vez que nem sempre "as reconhecemos de maneira concreta", tendo em vista que gerenciar os pontos fortes requer "lidar com os fatores de influência capazes de enfraquecer sua energia". É saudável usar a criatividade e a imaginação para pensar num futuro a partir de uma perspectiva positiva.

Hastorf, A. Schneider, D. e Polefka, I. (1973, p. 5), ao falarem de como funciona a percepção humana, propõem que as pessoas são mais do que "tradutores passivos" da realidade desempenhada. Cada uma desempenha "um papel ativo na criação das experiências próprias". Elas escolhem alguns aspectos da situação e se apegam a eles. Uma simples avaliação feita por pessimistas e otimistas, por exemplo, ao observarem meia garrafa de água, é significativamente diferente. Essa diferença é marcada por duas palavras: *ainda* e *só*. O otimista diz que *ainda resta* meia garrafa e o pessimista, *só resta* meia garrafa. Outro exemplo são as obras de arte de pintores contemporâneos – embora tenham vivido na mesma época, a mesma paisagem não é retratada com o mesmo colorido nem com a mesma forma, como no caso de Van Gogh e Gauguin.

Na dinâmica dos processos motivacionais, o intelecto tem o importante papel de detectar o tipo de necessidade menos satisfeita, que energiza a conduta de busca daquele momento, na procura de determinados fatores de satisfação

> *Segundo Hastorf, Schneider e Polefka, cada pessoa desempenha um papel ativo na criação das experiências próprias.*

que lhe são complementares. É também o intelecto que detecta no meio ambiente qual o tipo de fator de satisfação motivacional potencialmente capaz de aplacar essa necessidade não satisfeita. Diferentemente dos animais, elas têm o poder de modificar o ambiente em que estão para suprir suas carências. Por sua vez, o intelecto detecta fatores de contrassatisfação, como o sal para quem tem muita sede.

A falsa motivação

É muito perigoso acreditar-se motivado quando na realidade se trata de um falso entendimento daquilo que acontece. Há pessoas que forçam os critérios sintomáticos de motivação só para dizerem que se sentem felizes com aquilo que fazem. Não admitem que não estejam motivadas para suportar melhor o tempo que passam fazendo aquilo que podem para salvar a própria pele – escondem seus sentimentos autênticos para responder às solicitações com as quais não concordam.

Nesse clima, a pessoa que mente para si mesma a esse respeito está, como diz Mckee, A. (2017, p. 63-69), se autossuprimindo quando a autora propõe que a "autossupressão e a conformidade diligente não promovem as contribuições mais originais e criativas". Além disso, propõe Mckee, não "conduzem à felicidade no trabalho, um ingrediente-chave do sucesso profissional duradouro". Exibem sua falsa motivação caminhando para o lado que o vento as leva.

> *Há pessoas que forçam os critérios sintomáticos de motivação só para dizerem que se sentem felizes com aquilo que fazem.*

Capítulo 3

A adequação da motivação às solicitações internas ou externas ao indivíduo são aspectos importantes para controlar ou evitar o estresse. É importante saber esquivar-se de circunstâncias muito estressantes. Bruce, J., Shatté, A. e Perlman, A. (2015, p. 13) apontam que "você *não pode* se livrar do estresse. Isso não é possível". A vida como é vivida na atualidade é "uma consequência incontestável" – ele aparece na tentativa de equilibrar aquilo que somos e valorizamos: "nossa relação familiar, trabalho, amigos, cuidados com a saúde, atividades que nos dão prazer". Não se pode evitá-lo, mas sim "modificar sua *resposta* ao estresse" – controlando a "intrincada teia do estresse da vida moderna". Assim será possível não deixar que os falsos sentimentos predominem restringindo o poder de escolha daquilo que é benéfico a cada um.

Como a maior parte daquilo que acontece com as pessoas não cai do céu por acaso, a motivação obedece a esse mesmo tipo de aparecimento. Cabe a cada um trabalhar na constituição das suas próprias motivações. Embora não se tenha a capacidade de intervir naquilo que acontece, é possível alterar o enfoque utilizado na percepção da realidade e encontrar novos procedimentos para tirar dessa realidade novos recursos que oferecerão formas de resolver problemas antigos. Isso quer dizer que cada um constrói o tipo da motivação que rege o próprio comportamento, bem como sua intensidade. Nem sempre essa mudança é feita de maneira consciente como aquilo que se expressa na afirmação de que antigamente eu lutava por algo que hoje me é indiferente.

É possível errar o diagnóstico do fator de satisfação, bem como o tipo de necessidade a ser atendida. Esse é o caso, por exemplo, da pessoa de mais idade que compra um conversível para sentir-se ou parecer mais jovem. Esse erro, segundo alguns autores, leva àquilo que se chama de "falsa motivação". O principal responsável por esse acidente na vida psicológica é um erro cometido a partir do falso conhecimento não só da necessidade em jogo, como também da escolha daqueles fatores de satisfação inapropriados. Diel, P. (1969, p. 45) ressalta que "o homem é livre de escolher falsamente. Sua deliberação íntima é uma escolha permanente, feita por meio do *livre-arbítrio*". Isso significa uma pseudoliberdade, determinada pelo próprio psiquismo, sendo ele o responsável "por sua falsa valorização e por sua falsa motivação", o que pode levar uma pessoa a um estado crônico de insatisfação, principalmente com relação a si. Como relata o autor, isso é chamado dissonância cognitiva, que por si mesma encerra um desgaste que pode até não ser percebido.

> *Cabe a cada um trabalhar na constituição das suas próprias motivações.*

Kets de Vries, M. F. R. Carlock, R. S. e Florent-Treacy, E. (2009, p. 38) são de opinião que a personalidade "é em grande parte determinada pelo modo particular como cada um equilibra sua visão intrapsíquica do mundo com o impacto da realidade". Esse processo se dá em meio a um clima de ansiedade que reclama reações defensivas, "possibilitando certo equilíbrio emocional". O uso das defesas "nem sempre é fácil de interpretar". Embora essas defesas tenham como objetivo o reequilíbrio, muitas vezes chegam a distorcer a realidade, quando opção é feita por um objetivo insatisfatório. O grande perigo aí é estar mal preparado para enfrentar tais dificuldades, o que "aumenta significativamente a chance do fracasso" – trata-se de uma falsa coragem que não servirá para nada.

Criar motivação

A motivação não subsiste sem emoção – seja ela positiva, que leva à procura de algo, seja ela negativa, que determina a fuga de circunstâncias perigosas. Estar motivado por algo envolve determinada emoção que termina em prazer, dando sentido à vida.

Em meados da década de 1940, e durante os anos 1950, Abraham Maslow (1908-1970), baseando-se nas suas observações como psicólogo clínico, lança duas premissas básicas sobre o comportamento motivacional. Em primeiro lugar, supõe que as pessoas estejam desempenhando um papel característico de seres que perseguem a satisfação de seus desejos. Numa segunda etapa, propõe que, se as necessidades não podem ser satisfeitas, geram estados interiores de tensão que levam o indivíduo a comportar-se de forma a procurar reduzir essa pressão, que coloca o ser vivo a caminho para reaver o equilíbrio perdido.

No livro *Uma breve história da psicologia* (Kouzmin, C.; Kovaeff, C., 2012, p. 37), considera-se que as emoções sejam "muito importantes para a sobrevivência do ser humano, resultam do processo revolucionário". As emoções podem ser inatas ou adquiridas, conscientes ou desconhecidas.

Maslow, A. (s. d., p. 56) acusa que a "finalidade primordial do organismo é livrar-se da necessidade incômoda". Ela impulsiona o ser humano no sentido de que ele seja capaz de "lograr uma cessação de tensão, um equilíbrio, uma homeostase, uma aquietação, um estado de repouso, uma ausência de dor". Trata-se de um impulso que pressiona no sentido da sua própria eliminação. Representa o processo sequencial da teoria motivacional proposta por Maslow, característico da dinâmica comportamental permanente de onde as pessoas tiram suas forças para agir. O comportamento motivacional tira sua energia das próprias emoções e não existiria sem elas.

Em outra publicação, Maslow A. (1970, p. 53-54) propõe que "praticamente todas as teorias históricas e contemporâneas de motivação se unem na consideração das necessidades, impulsos e estados motivadores". O autor considera esses estados como "inoportunos, irritantes, indesejáveis, desagradáveis". As pessoas fazem algo

Capítulo 3

> *A motivação não subsiste sem emoção.*

para livrar-se desses estados. As pessoas, ao tentarem libertar-se da necessidade incômoda, buscam o restabelecimento de um estado emocional mais confortável e menos tenso. Uma das formas mais frequentes de as pessoas aliviarem a tensão própria ao processo motivacional é o uso passageiro de certos mecanismos de defesa. Esses mecanismos não eliminam a fonte da ansiedade. Caso eles sejam abandonados, a ansiedade pode reaparecer.

Maslow estuda em profundidade o poder que o trabalho tem de contribuir para a manutenção da normalidade ou gerar uma conduta que adentra o campo da anormalidade e do desajustamento. Afirma ainda (2000, p. 49) que "esta tendência a preferir responsabilidade e maturidade diminui quando a pessoa está fraca, assustada, doente ou deprimida". Conclui que "a neurose também pode ser definida como a perda da capacidade de escolher de forma inteligente de acordo com as próprias necessidades" (p. 47) na situação enfrentada. Nesse caso, a necessidade não foi percebida de forma adequada, por isso seu atendimento é precário.

O ponto central dos estudos desenvolvidos por Maslow não é a hierarquia das necessidades pela qual ficou rapidamente conhecido no mundo todo. Considerado como grande fundador do movimento humanista em psicologia, trabalhou no sentido de levar o ser humano a identificar o que realmente satisfaz cada pessoa. Para ele, é necessário "atingir o estado mais desenvolvido de consciência e realizar todo o seu potencial". Dentro desse pressuposto, "o indivíduo precisa descobrir qual o seu verdadeiro propósito de vida e sair na busca dele" (2012, p. 138-139). Segundo suas palavras, "todo homem deve ser o que pode ser". Para isso, "precisa descobrir seu potencial e vivenciar experiências que lhe permitam exercê-lo", em toda a sua plenitude.

Na época em que divulga sua teoria, Maslow assinala que as necessidades percebidas pelos indivíduos sejam universais, achando-se também organizadas de forma hierarquicamente sequencial. Essa hierarquia compreende desde aquelas necessidades consideradas como básicas ao bem-estar físico, até aquelas de ordem mais superior, que envolvem autorrealização ou busca de individuação. A proposta motivacional de Maslow, tornada pública entre 1943 e 1954, surge como uma das teorias que gozaram, como poucas, de enorme popularidade no mundo todo até os dias de hoje.

Archer, E. R. T. (1978, p. 57-65), reconhecido como o grande divulgador da teoria desse autor, aponta a fragilidade do modelo piramidal de Maslow, propondo que a necessidade menos satisfeita é aquela em torno da qual se organiza o comportamento. Ela "servirá como ponto focal para a organização do comportamento e representa a necessidade que se tomará como centro de organização do comportamento". Essa necessidade terá o nível mais alto de energia, pois tem o menor "grau de satisfação", interrompendo assim a sequência proposta por Maslow.

Na década de 1950, Maslow aponta aquelas pessoas caracterizadas como "autor-realizadoras que não são motivadas primariamente por necessidades básicas". Elas se orientam por "valores intrínsecos, não pela busca de objetos desejados". Esse tipo de orientação faz com que as pessoas desenvolvam "suas próprias hierarquias" com base em outros componentes da sua personalidade, como é o caso de Lincoln, Jefferson, Beethoven e outros.

Outra teoria sobre as necessidades foi proposta por Henry Murray, junto ao grupo da Harvard Psichologycal Clinic, durante a década de 1930. Essa nova perspectiva baseou-se em muitos anos de observações clínicas. As necessidades, para Murray, têm sua força originária da região cerebral que organiza a percepção, a apreciação e a intelecção do processo comportamental. Dois fatores estão contidos nas necessidades. O primeiro de ordem qualitativa, representado pelo tipo de objetivo para o qual é dirigida a ação. O segundo diz respeito ao aspecto energético ou quantitativo caracterizado pela intensidade da força de busca desse motivo. Essas necessidades podem existir mesmo quando estão em estado de inatividade ou latência, isto é, quando ainda não encontraram uma forma evidente de expressar-se. Essas são as necessidades de realização, afiliação, autonomia, resistência, impulsividade, compreensão e outras que perfazem uma lista com mais de 20 diferentes e são consideradas como aprendidas.

As emoções desempenham um papel importante na motivação, especialmente com relação ao próprio indivíduo. "Os fracassos abalam a autoconfiança, a motivação e a esperança" (Winch, G., 2014, p. 14). Essas emoções negativas podem fazer com que se desista ou se renuncie "a quaisquer esforços futuros ou possibilidade de sucesso". Quanto maior for a suposição negativa sobre a própria qualidade ou capacidade, "menos motivados ficaremos", acreditando que os objetivos escolhidos estão "fora do alcance". O autor chama essa ausência de confiança, motivação e otimismo das "feridas emocionais" – que abalam a autoconfiança e detonam a autoestima. Segundo o autor, aqueles que possuem uma autoestima "forte e estável fazem avaliações mais realistas dos seus pontos fortes e fracos". Eles são considerados como "mais saudáveis" psicologicamente, o que repercute na autopercepção. Já "baixa autoestima equivale a um sistema imunológico, emocional e frágil". O resultado é que deixa as pessoas "mais vulneráveis e com muitas feridas emocionais", tais como o "fracasso e rejeição", tornando-as "mais pessimistas e menos motivadas" e podendo levá-las a um quadro de depressão e ansiedade.

Dentro do cenário da motivação intrínseca, Deci, E. L. e Ryan, R. M. (1985, p. 51) promoveram inúmeros experimentos que lhes permitiram afirmar que a motivação para qualquer tarefa é intrínseca e advém da satisfação com a própria tarefa em si. Os autores esclarecem que a motivação intrínseca está associada a uma experiência muito mais rica do que aquela promovida pela motivação extrínseca, que é tipicamente controladora. Para eles, "os controles minam a motivação intrínseca e o envolvimento com a tarefa". Esse tipo de motivação tem efeitos deletérios sobre o desempenho em qualquer tipo de atividade "que exija criatividade, compreensão conceitual ou flexibilidade na resolução de problemas". Deci e Ryan são conhecidos como grandes expoentes nas suas pesquisas sobre motivação intrínseca, na qual não existe controle extrínseco, pois ela nasce e perdura no interior de cada um. Ela faz com que as pessoas se movam, mas não por vontade própria e sim por coação.

> *Para Deci e Ryan, os controles minam a motivação intrínseca e o envolvimento com a tarefa.*

Motivação e trabalho

Na Revolução Industrial, figuras importantes apareceram, tais como Taylor. Muitos pressupostos a respeito do trabalho foram revistos, e com isso descobre-se que as pessoas não podem ser colocadas ao acaso em qualquer cargo para atingirem alguns padrões preestabelecidos de produção. Anteriormente a essa época, os artesãos desempenhavam as mais variadas atividades, que iam desde a extração da matéria-prima até a venda do produto acabado. Com o passar do tempo, tornou-se evidente que as pessoas deveriam ser treinadas em lugar de serem punidas, o que as levaria a resultados mais rápidos e de melhor qualidade.

As transformações provocadas pela Revolução Industrial trouxeram maior consciência sobre a dimensão do ser humano, como alguém não previsível, mas alguém capaz de pensar, criar e valorizar suas atividades. Os processos de seleção, treinamento e desenvolvimento de pessoal foram sendo intensamente reformulados, chegando algumas instituições a ter procedimentos refinados para atrair, escolher, treinar, reter e desenvolver ao máximo o talento dos seus empregados nas fábricas, e dos seus funcionários nas áreas administrativas. Se todos esses cuidados foram tomados, era de se esperar que todos aqueles atingidos por esses novos procedimentos poderiam ser mais produtivos e sentir-se mais felizes. No entanto, isso não ocorreu; as pessoas não pareciam adequadamente atendidas quanto às suas principais necessidades e expectativas.

A Revolução Industrial deixa-se contaminar pelo uso das recompensas extrínsecas, levando as pessoas a seguir o caminho mais curto possível para chegar a elas o mais rápido que puderem. Melhorar o desempenho por meio de fatores externos significa incentivar a tendência de se fazer unicamente aquilo para que se esteja sendo pago por dinheiro. Quando intrinsecamente motivadas, as pessoas são mais autênticas e desenvolvem sua capacidade de autonomia, administrando a si mesmas. Tornam-se capazes de se relacionar com os demais de maneira mais significativa, havendo maior envolvimento pessoal com aquilo que fazem.

Fernandes, M. (2015, p. 35) chama de Plano de Desenvolvimento Individual (PDI) a predisposição "de saber o que quer e de gostar do que faz", o que exige consciência da realidade na qual se vive e, "como consequência natural, você vai ser feliz e, assim, vai crescer profissionalmente e ganhar mais". O prêmio só deve acontecer após o término da realização do trabalho e de forma inesperada.

Satisfação e insatisfação motivacional

> *Quando intrinsecamente motivadas, as pessoas são mais autênticas e desenvolvem sua capacidade de autonomia, administrando a si mesmas.*

Depois de ter escolhido um grupo estatisticamente significativo de pessoas, Frederick Herzberg, professor de Harvard, submeteu-as a um experimento que consistia em responder a duas questões que as fariam relembrar situações que lhes teriam trazido maior satisfação e maior insatisfação no trabalho.

A partir dessas duas questões, Herzberg enriquece o curso das pesquisas sobre motivação. Até então, os objetivos almejados, quando não atingidos, deveriam causar desmotivação tão grande quanto à satisfação que propiciam quando são atingidos. Ao tabular suas pesquisas, ele encontrou o inesperado. A ausência dos fatores que causam satisfação não provoca insatisfação proporcional. Por sua vez, aqueles que geram insatisfação, quando presentes, não causam nenhuma satisfação. Essa constatação leva à diferenciação entre esses dois tipos de fatores que são aqueles que causam satisfação quando estão presentes, chamados por Herzberg de *"fatores de motivação"*. São eles: realização, reconhecimento, trabalho em si, responsabilidade, progresso e desenvolvimento pessoal. O traço comum entre eles é que são todos de ordem intrínseca, oferecendo o prazer no desempenho do trabalho.

Partindo do levantamento de dois tipos diferentes de fatores que trazem satisfação e daqueles que causam insatisfação, Herzberg propõe que os fatores que trazem satisfação, quando ausentes, não determinam a insatisfação da mesma intensidade. Herzberg chamou tais fatores de motivacionais e eles são intrínsecos, estando ligados ao próprio indivíduo e seu trabalho.

A outra classe de fatores, quando estão presentes, não traz satisfação, mas sua ausência traz grande insatisfação. Esses fatores são típicos do meio ambiente e só conseguem prevenir a insatisfação, daí o seu nome: higiênicos. São eles: políticas administrativas, competência do superior, salário, relacionamento com os pares, condições ambientais de trabalho, segurança e relacionamento com superiores. São todos extrínsecos e pertencem ao meio ambiente. Michel, S. (1994, p. 23) ressalta o valor do trabalho de Herzberg, afirmando que ele "colocou em evidência a importância dos fatores intrínsecos (conteúdo do trabalho) em relação aos fatores extrínsecos (contexto do trabalho)". Isso justifica o argumento definitivo de que a satisfação motivacional é tipicamente de caráter interior.

Capítulo 3

Cartesianamente, seria de esperar que aquilo que traz satisfação quando retirado gere insatisfação. Da mesma maneira, aquilo que gera insatisfação quando ausente, ao ser oferecido, traria satisfação. No entanto, não foi essa a conclusão à qual chegou Herzberg, quando tabulou os resultados obtidos por duas perguntas que fez: "Conte-me uma situação de trabalho que mais lhe trouxe satisfação", em seguida: "Conte-me que situação de trabalho lhe trouxe grande insatisfação."

Herzberg afirma que o contrário de satisfação não é insatisfação, mas sim nenhuma satisfação. O contrário de insatisfação não é satisfação, mas nenhuma insatisfação. Como são fatores de natureza diferentes e não se afetam mutuamente, uma pessoa pode estar muito satisfeita, mas não motivada quando as necessidades extrínsecas forem atendidas. No atendimento daquelas de ordem intrínseca, a pessoa pode estar muito confortável, mas não satisfeita nas suas necessidades intrínsecas.

> *Herzberg colocou em evidência a importância dos fatores intrínsecos (conteúdo do trabalho) em relação aos fatores extrínsecos (contexto do trabalho).*

Essa conclusão do trabalho de Herzberg fez com que as organizações parassem de gastar tanto dinheiro oferecendo tantos benefícios extrínsecos, esperando maiores níveis de motivação. Em contrapartida, elas passaram a entender a necessidade de preparo de todos os seus supervisores para perceber os pontos fortes dos seus liderados, provendo a eles recursos para usarem o máximo do seu potencial de motivação. O Esquema de Herzberg apresentado no Quadro 3.1 demonstra que o oposto de satisfação é nenhuma satisfação e que o oposto de insatisfação é nenhuma insatisfação.

Um final feliz

O mais importante não é aquilo que as pessoas buscam. Isso é relativo, dependendo do momento em que cada um está e do ambiente em que está. Ninguém se preocupará com qualquer um dos fatores intrínsecos de motivação se estiver, por exemplo, com sede em meio a um tórrido deserto com alguns quilômetros a serem vencidos até o próximo oásis. Do mesmo modo, uma pessoa pode esquecer-se de beber água por um dia inteiro, caso esteja envolvida na busca da sua autorrealização pessoal.

A junção de diferentes abordagens oferece elementos que explicam um número maior de comportamentos, não devendo ser consideradas como mutuamente excludentes. Elas não se anulam, mas o seu conjunto oferece um conceito mais abrangente do comportamento motivacional. O comportamento humano é um tema amplo que envolve múltiplos ângulos diferentes e não pode ser esgotado em apenas um único enfoque. Falar de motivação é falar da própria felicidade.

Quadro 3.1 Esquema de Herzberg

Goleman, D. (1996, p. 93) explica a ligação entre a inteligência e a emoção no tocante ao aspecto motivacional. Para ele, é fundamental considerar que: "Na medida em que nossas emoções comprometem ou facilitam a nossa capacidade de pensar e de fazer planos, de seguir treinamentos para alcançar uma meta distante", deve-se considerar que "muito se precisa ainda saber sobre como solucionar problemas e coisas" que são nosso poder de usar nossas capacidades mentais inatas e assim determinar como nos saímos na vida". É a inteligência emocional que "facilita conservar a esperança de não cair numa ansiedade arrasadora, atitude derrotista ou depressão, diante dos desafios ou reveses difíceis". Essa inteligência ajuda "a manobrar a própria vida na busca das metas capazes de darem significado à vida de cada um". Ela tem uma função motivacional.

Com relação aos fatores intrínsecos da motivação, Goleman aponta que se deve dar oportunidade para que se seja possível obter satisfação em colaborar com os objetivos da organização. Finalmente, afirma que *"o suprimento de tais oportunidades"*, ao contrário do suprimento de dinheiro, é ilimitado.

Embora hoje se estejam explorando essas proposições a respeito da motivação, é necessário reconhecer que o livro de Douglas McGregor, *Leardeship and motivation* (McGregor, 1973), publicado inicialmente pelo Massachusetts Institute of Technology) – MIT em 1966, foi praticamente o primeiro a propor a diferença entre fatores extrínsecos e intrínsecos, quando expõe as principais indagações da administração afirmando: "Pagamos bons salários, damos ótimas condições de trabalho, proporcionamos estabilidade de emprego, além de excelentes benefícios adicionais." Isso não deu o resultado esperado, as pessoas continuaram não fazendo mais do que o mínimo.

> *Ser otimista e pensar para a frente são ingredientes que não podem falhar na construção do próprio processo motivacional.*

Quando se fala em motivação, sem dúvida há um futuro que é desejado. É indispensável conhecer esse futuro de maneira específica bem com levantar hipóteses a respeito dos possíveis obstáculos que devam ser vencidos para conseguir sucesso nessa empreitada. Ser otimista e pensar para a frente são ingredientes que não podem falhar na construção do próprio processo motivacional. Essa predisposição nasce da confiança que se possa ter na competência pessoal e no exame do quanto ainda falta para atingir os objetivos almejados.

Como aponta Halvorson, H. (2014, p. 34): "O otimismo e a confiança que ele gera são essenciais para a criação e a manutenção da motivação de que você precisa para conseguir o que quer." As pessoas bem-sucedidas guardam dentro de si grande atração pelo otimismo e isso as leva para a frente – elas acreditam no seu sucesso de forma real – conseguindo aquilo que o autor chama de "automonitoramento". É necessário para tanto avaliar o progresso dessa caminhada. Essa avaliação, sendo feita com cuidado, tem efeito positivo sobre a motivação, por isso ela "vai mantê-lo motivado do começo ao fim", de onde vem sua importância.

Da mesma maneira, Renkin, L. (2016, p. 42) aponta a importância de cada um trabalhar na busca da própria felicidade, uma vez que, quando o "nosso trabalho envolve a busca de importantes objetivos pessoais, a autoestima ganha fôlego". Ninguém consegue ficar parado sem fazer nada a vida toda, o que significa perder o referencial das suas ações no mundo, e consequentemente ver seu significado desaparecer de vez.

A felicidade e o prazer são aspectos que estão necessariamente ligados e sob a responsabilidade de cada um, a principal motivação para continuar vivo. Não é saudável perder "oportunidade de viver o presente e a felicidade que ele propõe", como afirma Pereira, J. C. (2015, p. 53) – "a felicidade que dá sentido à vida é algo dinâmico, uma sucessão de buscas". É preciso estar atento, uma vez que "aqueles que passam a vida adormecidos não têm acesso a ela, por isso não vivem essa felicidade", perdendo "a oportunidade de viver o presente e a felicidade que ele propõe". Embora, muitas vezes, lutar pela felicidade possa ser doloroso, é imprescindível.

Motivação consciente

Um recomendável antídoto dessa dor é abraçar-se ao otimismo ou à firme crença de que tudo dará certo até a chegada aonde se pretende ir – mas é preciso ser resistente e não parar antes de chegar lá, embora muitos tropeços possam ocorrer e possa ser até necessário vergar-se, mas nunca desistir.

Ururahy, G. e Albert, E. (2015, p. 177) dizem que o "riso é próprio do ser humano saudável, considerado um antídoto contra o estresse, não representa risco de dose excessiva, nem contraindicação". Sorrindo, as defesas se relaxam e se abre o íntimo para aqueles com os quais se interage. Nada como uma gostosa gargalhada para se sentir mais leve do peso da vida.

Frankl, V. E. (2015, p. 36) considera que a motivação seja "considerada um estado de tensão, que nos leva a buscar o equilíbrio, o sossego, a acomodação, a satisfação e a homeostase". Nesse sentido, a personalidade não é nada mais do que o modo de diminuir nossas tensões que representa um grande cuidado que cada um deve ter consigo. O autor chama "vontade de sentido" o esforço pelo melhor cumprimento possível do sentido da existência. Completando sua proposta, Frankl diz: "Aquilo que o homem quer é, afinal de contas, não a felicidade em si, mas um motivo para ser feliz." Quando "é dada uma razão para ser feliz apresenta-se essa felicidade" e o prazer "comparece espontaneamente". Como se vê, é impossível manter-se vivo quando não há sentido.

Um sintoma importante de que as pessoas estão progredindo em prol da própria felicidade é a capacidade de criar, embora traga alguma dificuldade por representar "um passo para o desconhecido, para o invisível". Como diz

> *Frankl diz que aquilo que o homem quer é, afinal de contas, não a felicidade em si, mas um motivo para ser feliz.*

Cholle, F. (2014, p. 58), ele assemelha-se ao processo de vida, uma vez que viver "é criar porque viver é adaptar-se em permanência a um ambiente em transformação perpétua", sendo "uma das condições essenciais" da subsistência como seres humanos. Para o autor, "somos coletivamente especialistas da criatividade". Quanto mais as pessoas se afastam do bem-estar e do prazer de colaborar, menos hipóteses há para emergir "uma criatividade eficaz e significativa" (p. 67). É preciso pensar nela aceitando seus reclamos para cumprir o bem-estar que ela proporciona.

4

Ninguém motiva ninguém

- ✓ Instinto – fonte de motivação
- ✓ Instinto e frustração
- ✓ A força da motivação
- ✓ Cada motivo tem seu lugar
- ✓ Cenouras e chicotes
- ✓ A emoção da motivação
- ✓ Motivação inconsciente
- ✓ O mundo inconsciente nas organizações
- ✓ Patologia emocional
- ✓ Vínculos sociais

Uma pessoa autossabotadora da sua saúde emocional vive se aterrorizando com fatos que ainda não aconteceram ou gravitando na órbita dos problemas que já passaram, lamentando perdas, fracassos, injustiças – são carrascos de si mesmos.

(Cury, A. 2014, p. 91)

Capítulo 4

De forma injusta se afirma que alguém não é um bom líder porque não consegue motivar seus subordinados. Embora ele seja o mais próximo e primeiro desmotivador, nenhum recurso possui para motivar seus seguidores, uma vez que essa motivação já se esconde no interior de cada um.

Qualquer um que esteja em posição de comando só conseguirá que seus funcionários façam algo se utilizar recompensas extrínsecas ou ameaças de punição. Ninguém motiva ninguém, mas qualquer um pode desmotivar seus seguidores.

As pessoas querem fazer suas próprias escolhas, especialmente aquelas que confirmam a maneira como elas usam seus pontos fortes na busca daquilo que escolheram. Lowe (2015, p. 38) reforça a individualidade quando diz que escolheu "lutar pela vida que desejava ter, em vez de simplesmente sobreviver à que se apresentasse para mim". Não é possível colocar dentro das pessoas as necessidades que guiam suas expectativas, que são individuais.

Recompensar materialmente o trabalho é considerado como mais simples e mais rápido, podendo surtir efeitos de imediato, embora não seja tão efetivo nem duradouro. Como propõe Murphy, D. H. (2010, p. 30), existe um "fator que impulsiona a meta para a frente, a principal motivação vem, contudo, de você fazer o que gosta", nada tem a ver com uma resposta a recompensas externas.

Pink, D. H. (2010, p. 38) não deixa dúvidas quando aponta para a diferença entre resultados indesejáveis do uso das recompensas extrínsecas, contrapondo a ele os resultados benéficos da satisfação interior obtida. Acredita que quando são oferecidas compensações extrínsecas, como "um incentivo recebido para clarificar o pensamento e aguçar a criatividade, acaba perturbando o pensamento e embotando a criatividade". Essas "recompensas, por sua própria natureza, estreitam nosso foco", "estreitam o raciocínio das pessoas e interceptam a visão mais ampla que lhes teria permitido ver novos empregos para antigos objetos". Para se conseguir sair desse estado denominado pelo autor "rigidez funcional", é válido considerar que "aqueles que trabalham também têm outros impulsos mais elevados" (p. 17). Como consequência, "as recompensas podem exercer um tipo estranho de alquimia comportamental", conseguindo "transformar uma tarefa interessante num estorvo". Elas conseguem "diminuir a motivação intrínseca" e isso faz com que essas "recompensas possam derrubar o desempenho, a criatividade e até mesmo um comportamento estável num efeito dominó". A retribuição extrínseca só é válida quando é contingente, isto é, aparece imediatamente após o comportamento, sendo usada quando aquilo que se deseja é controlar o comportamento das pessoas. Todavia, no longo prazo, haverá "um dano considerável". Apesar disso, muitos continuam usando esse tipo de estratégia quando o objetivo é o aumento de produtividade, o que é um equívoco.

Há muito executivos, especialmente na área comercial, que não aceitam de bom grado não dar aos vendedores a participação no resultado das vendas. Para eles, os vendedores não se sentem motivados pelo trabalho. Esses executivos mencionam que, se o concorrente oferecer uma porcentagem maior do que a oferecida por sua empresa, irá perdê-los. Sleenburg, T. e Ahearne, M. (2012, p.

> *Segundo Pink, as recompensas podem transformar uma tarefa interessante num estorvo, diminuindo a motivação intrínseca.*

36-37) ressaltam que tais executivos "estão sempre em busca de expedientes criativos para motivar a equipe". Eles oferecem "megarreuniões para lançar novos programas de bonificação". Dentre tais expedientes, oferecem "a supervendedores viagens a lugares exóticos". Se as vendas continuam mal, "vão logo promovendo concurso de vendas". Caso não sejam atingidas as metas, "culpam o plano de remuneração e voltam à estaca zero". Os autores sugerem que um "plano de remuneração que contemple variações individuais" tem conseguido melhores resultados.

O trabalho tem, para cada indivíduo, um importante significado capaz de reforçar ou comprometer a autoestima. A Mow International Research Team publica o resultado de várias pesquisas sob o nome de The Meaning Of Working (1987), afirmando que o trabalho ocupa uma posição central na vida das pessoas e que "a centralidade do trabalho inclui identificação, envolvimento e comprometimento com ele". O trabalho sempre pesa sobre os ombros de quem não vê sentido nele.

Encarado dessa maneira, o trabalho tem enorme poder em atender às principais carências de cada um. Vieira, P. (2017, p. 129) confirma essa importância apontando que as pessoas estão "inseridas basicamente em dois ecossistemas" – isso é fundamental porque o primeiro é o "lar, onde iniciamos e finalizamos o nosso dia". Depois dele vem "o lugar de trabalho", uma vez que nele é "onde passamos a maior parte do nosso dia produtivos e alertas". Mais adiante, o autor fala que "é muito importante que nos responsabilizemos por esses dois ecossistemas, tornando-os equilibrados e harmônicos". Aquilo que acontece nesses dois ecossistemas pode atingir a cada um. É necessário ter especial motivação para tanto e não estacionar à espera de que qualquer evento fora de si venha motivá-lo para tanto.

Maslow, A. (2.000, p. 1), antes de qualquer comentário sobre motivação no trabalho, deixa claro que "indivíduos altamente evoluídos assimilam o seu trabalho como identidade", ou seja, "o trabalho se torna parte inerente da definição que eles fazem de si próprios". Cada um consegue viabilizar seu crescimento na direção da autorrealização, bem como influir positivamente no todo organizacional. É possível sentir na pele a vibração quando se adentra ao território no qual a motivação impera.

Para pessoas motivadas, o trabalho não é um meio, mas um fim em si. Ele representa uma fonte de referencial de

> *Para pessoas motivadas, o trabalho não é um meio, mas um fim em si. Ele representa uma fonte de referencial de autoestima.*

Capítulo 4

autoestima. Nem a própria pessoa consegue controlar certas necessidades, como, por exemplo, ter fome, ter sede, ter sono, no momento em que assim ela o queira. É possível sentir-se atraído ou repudiar certas situações, embora possa desconhecer a razão pela qual isso esteja ocorrendo, o que explica por que se compra mais comida no supermercado quando as compras são feitas na hora das refeições.

Para aqueles que consagram mais tempo às necessidades para as quais estão motivados, "a motivação é, em última análise, uma questão de distribuição do tempo disponível" (Levy-Leboyer, C. (1994, p. 42). Quanto mais motivação houver com relação a uma atividade, menos as pessoas sentem o tempo passar enquanto a desempenham. Pelo contrário, se há falta de motivação, o dia de trabalho parece que não termina nunca. Observar como as pessoas alocam seu tempo disponível é um importante recurso para reconhecer se alguém está ou não satisfeitio com aquela atividade.

Handy, C. B. (1978, p. 27) alerta seus leitores sobre as dificuldades e restrições que podem vir a encontrar no afã de trabalhar com pessoas realmente motivadas. Diz o autor que, "se pudéssemos compreender e então prever os modos como os indivíduos são motivados, poderíamos influenciá-los, alterando os componentes desse processo de motivação". A compreensão desse aspecto poderia certamente levar à obtenção de um grande poder, uma vez que permitiria o "controle do comportamento sem as armadilhas visíveis e impopulares do controle". Muitas pesquisas procuram saber como alguém é **motivado** a aplicar mais do seu esforço e talento. Handy afirma que "talvez devêssemos sentir alívio quanto ao fato de que não foi encontrada qualquer fórmula garantida de **motivação**", o que protege a pessoa, diminuindo sua vulnerabilidade. É mais correto falar em motivação real quando ela é compreendida como uma categoria de ação gratuita.

> *Se pudéssemos compreender e então prever os modos como os indivíduos são motivados, poderíamos influenciá-los, alterando os componentes desse processo de motivação, diz Handy.*

A estruturação dos diferentes cargos deveria ser suficientemente flexível para que se pudesse reconstruí-la a partir do perfil de expectativas de seus novos ocupantes. Sem isso, os seus empregados se sentirão apertados dentro de uma saia justa de procedimentos, o que lhes tira o bom humor.

Sigmund Freud (1856-1939), considerado como o primeiro psicólogo a defender a motivação interior e inconsciente, propõe que "a força motivadora de todas as atividades humanas é um esforço desenvolvido no sentido de duas metas confluentes, a de utilidade e a de obtenção de prazer" (1969, p. 52). Trata-se de um desencadeamento interior que leva o ser humano a procurar a própria felicidade. Aquilo que se sabe sobre instintos e necessidades tomou como base as pesquisas feitas pela etologia,[1] durante a década de 1960. O principal objetivo dos etologistas foi o de conhecer comportamentos espontâneos dos seres vivos, que ocorriam sem que nada fora deles os levasse a agir.

Segundo Bergamini, C. W. (2015, p. 63), Freud compara a mente humana a um *iceberg* no qual aquilo que aparece é a menor porção, representa o tanto que a pessoa conhece de si mesma. Tudo que cada um vive é o resultado da maior parte dessa montanha de gelo, portanto, desconhecida do próprio sujeito.

Instinto – fonte de motivação

Observando o comportamento de várias espécies de animais em seus *habitats* naturais, acaba-se por descobrir quais são os comportamentos típicos a cada espécie, conforme pesquisas feitas pelos etologistas. Segundo os etologistas, cada espécie animal possui certos comportamentos que o diferencia das demais espécies. Conhecer tais aspectos permite entender como se desencadeia o comportamento espontâneo. Os etologistas chamam esses comportamentos de atos instintivos, que são hereditários e inatos.

A maior expressão da corrente dos etologistas, mundialmente reconhecida pelo prêmio Nobel de Medicina, em 1973, é Konrad Lorenz (1903-1989), zoólogo e médico austríaco. A partir da observação cuidadosa de diferentes espécies animais, ele sugere que os sistemas de instinto sejam responsáveis por aumentar não só a capacidade

> *Freud propõe que a força motivadora de todas as atividades humanas é um esforço desenvolvido no sentido de duas metas confluentes, a de utilidade e a de obtenção de prazer.*

dos animais, como também do homem para a sobrevivência no ambiente. Esse comportamento aparentemente espontâneo busca um conjunto específico de traços no meio ambiente, que é chamado de *esquema produtor*, responsável pelo atendimento da necessidade menos satisfeita naquele momento. Ao referir-se ao comportamento humano, Lorenz, K. (1988, p. 23) aponta três aspectos principais aí presentes: "primeiro, a definição de um objetivo" [...] "segundo, uma escolha de meios a partir do objetivo definido" [...] terceiro, "a realização do objetivo da sequência causal dos meios escolhidos". O instinto representa uma fonte interior privilegiada de energia, que, sendo liberada, rebaixa o nível de tensão interior pelo atendimento da necessidade, levando o ser vivo a comportar-se.

---

[1] Fonte: Dicionário de Psicologia *Larousse do Brasil*, s.d. p. 135. Ciência que trata dos costumes dos animais em seu meio natural – estende-se à esfera dos usos e costumes humanos. A psicologia moderna não mais encara o homem isolado como o objeto dos seus estudos: realoca-o no seu meio e considera todos os fatos psicológicos (percepção, aprendizagem) do ponto de vista psicossocial.

Capítulo 4

Klein, M. (1982, p. 33) afirma que "Konrad Lorenz (1969) propõe que os sistemas de instintos desenvolvem a habilidade do animal ou do homem de adaptação ao ambiente". Visando sua própria sobrevivência, o comportamento instintivo é entendido como uma "energia que motiva o comportamento". Essa energia impulsiona a ação para proteger a espécie toda vez que surge uma agressão ou ameaça à sua sobrevivência. Lorenz propõe que, quanto mais desenvolvida é a energia que motiva o comportamento, "mais essa espécie será capaz de adaptar-se ao seu ambiente e sobreviver". Trata-se de atos instintivos característicos da mesma espécie, que não envolvem escolha racional.

O instinto é conceituado como um comportamento hereditário, espontâneo, inato e invariável, comum a todos os seres da mesma espécie, e tem por função levá-los a um objetivo que não é passível de conhecimento direto. As concepções clássicas admitem que o instinto seja imutável. Gerrig, R. J. e Zimbardo, P. G. (2005, p. 417) conceituam o instinto como "tendências pré-programadas e essenciais para a sobrevivência da espécie". Ele faz parte da "herança genética de cada animal". O instinto é uma predisposição vital de cada ser, e sem ele não conseguirá manter-se vivo no meio ambiente, sendo responsável pela perpetuação da espécie.

Os atos instintivos são responsáveis pelo despertar, pela orientação e manutenção do comportamento em determinada direção. O instinto é entendido como um padrão inerente à própria espécie, característico e estereotipado, possuidor de uma energia própria a ser canalizada no sentido da sua liberação. Essa é a característica que permite compará-lo como uma forma de motivação. Para Lorenz, K. (1988, p.11), "a etologia trata do comportamento animal, bem como do comportamento humano", dos seus hábitos e costumes que os mantêm vivos no seu *habitat* natural, permitindo incluí-los em determinado tipo de espécie.

Instinto e frustração

Segundo o *Dicionário de Psicologia Larousse* (s.d., p. 135), a etologia é a "ciência que trata dos usos e costumes" do comportamento dos animais em seu meio natural com o objetivo de compreender melhor a maneira de comportar-se. O domínio da psicologia animal estendeu-se "à esfera dos costumes humanos com o mesmo objetivo de caracterizá-lo dentro da sua espécie", sendo seu importante referencial.

A observação de determinada espécie de periquitos constatou que o macho exibia uma conduta típica do cio quando colocado na porta da gaiola, dentro da qual pendia, por um fio, uma bola de plástico verde, colocada em substituição à fêmea. Isso queria dizer que o animal, possuidor de determinado *estado interno de carência*, ficava predisposto para desempenhar aquilo que foi chamado de *conduta de busca*. Essa conduta visava encontrar no meio ambiente algo específico, denominado *esquema produtor*. Para ser considerado como tal, o objeto deveria possuir três traços típicos: ser uma esfera, ter a cor verde e estar suspenso. Caso algum desses três traços estivesse ausente, o animal deixava de apresentar o comportamento de busca próprio do cio, não ocorrendo o *ato instintivo* que consistia em esfregar-se na bola como se lá estivesse a fêmea.

Lorenz substitui a abordagem que se referia ao instinto sob seu aspecto amplo e genérico. Para ele, aquilo que ocorre caracteriza-se por uma cadeia de atos instintivos, por aproximações sucessivas que buscam esquemas produtores particulares à necessidade menos suprida. Aproximações sucessivas representam pequenos movimentos na direção do esquema produtor. Não foi o esquema produtor, isto é, a bola verde e pendurada, que despertou a conduta de busca, mas o estado interno de carência que fez com que o animal ressaltasse o conjunto de traços existentes dentre muitos outros nesse meio. O estado de carência é o que determina que tipos de traços serão valorizados no meio ambiente. No caso do periquito, os traços esfera, verde e pendurada são complementares à necessidade típica do cio a ser atendida.

A teoria de Lorenz facilita compreender como o comportamento instintivo só ocorre no momento em que dois elementos contingentes, que são os estados de carência, os fatores de satisfação ou esquema produtor, estiverem presentes ao mesmo tempo. O ato instintivo só ocorre quando a necessidade encontra um objeto específico. Por exemplo, a água representa o esquema produtor da sede, que é a necessidade ou carência. Outra conduta de busca ou apetência normalmente surgirá como consequência para determinar a carência seguinte que venha a predominar. Por exemplo, saciado em sua fome, provavelmente o animal passe a buscar uma sombra sob a qual possa dormir.

> *As pessoas já possuem as necessidades intrínsecas.*

Essa teoria comprova mais uma vez que é impossível motivar alguém. As pessoas já possuem as necessidades intrínsecas. Só se pode condicionar o ser humano. Não se consegue condicionar ninguém com o oferecimento de um fator de satisfação caso a pessoa não tenha uma carência específica, como no caso de oferecer uma barra de chocolate para quem não gosta de comida doce.

Vieira, P. (2017, p. 46) caracteriza com muita propriedade a frustração humana: uma "grande ideia oriunda de profunda reflexão sem uma ação para colocá-la em prática é o mesmo que frustração". O autor chama de pessoas realizadoras "aquelas capazes de fazer acontecer na prática suas boas ideias".

A frustração reside no fato de oferecer um fator de satisfação que nada tenha a ver com uma carência específica, bem como deixar de oferecer algo complementar a uma necessidade interior. Manter as pessoas motivadas

> *Para Vieira, uma grande ideia oriunda de profunda reflexão sem uma ação para colocá-la em prática é o mesmo que frustração.*

é dar a elas a oportunidade de fazerem aquilo que elas gostam. Isso exige muitas vezes que se reformulem certas condições de trabalho.

Lorenz, K. (1988, p. 96) critica enfaticamente as teorias behavioristas de condicionamento, acusando de início os adeptos desses ensinamentos de acreditarem "que o homem nasce como uma página em branco e que tudo o que ele pensa, sente e sabe é resultado do seu 'condicionamento'", que configura manipulação do comportamento, chamada por ele de *maldição à humanidade*. Ressalta sua aversão aos manipuladores, afirmando que "são eles mesmos vítimas humanas da sua própria doutrina desumana". Acredita que "sistemas refinados de manipulação estejam impedindo cada vez mais a realização pessoal do homem" (Lorenz, K., 1988, p. 97). A manipulação é considerada contrária aos anseios do ser humano. O autor (1988, p. 35) menciona também os efeitos catastróficos do dinheiro, que consegue confundir os "meios com os fins". Termina por questionar "quantas pessoas são capazes de compreender que o dinheiro em si não representa qualquer valor". Não existe uma carência específica por dinheiro, mas por aquilo que ele pode comprar.

Tjosvold, D. e Tjosvold, M. M. (1995, p. 61) argumentam de forma enfática que só quando os "empregados veem como as suas necessidades e valores pessoais podem ser atendidos pelo trabalho atribuem valor a ele". Para eles, o dinheiro não representa um motivador significativo. Ele é apenas um meio de conseguir objetivos pretendidos. Os autores valorizam os fatores intrínsecos como fatores de excelência no contexto da motivação. Não existe nenhuma necessidade específica que considere o dinheiro como fator de satisfação ou esquema produtor.

O trabalho que se desempenha deve desenvolver e fortalecer aquilo que as pessoas são para não se constituir uma frustração que pode ter duração contínua. Como diz Silva, A. (2015, p. 71), "tantas vezes tentei ser quem eu não era. Em vão", concluindo que se deve investir "tempo naquilo que lhe é fundamental", resultando daí a verdadeira motivação, vivenciada em um estado produtivo de maior conforto.

> *Tjosvold e Tjosvold argumentam que só quando os empregados veem como as suas necessidades e valores pessoais podem ser atendidos pelo trabalho atribuem valor a ele.*

A força da motivação

O comportamento motivacional só existe em função de um estado interior de carência; quanto mais intenso for este estado, maior será o ímpeto motivacional. O dinheiro em si não é um fator de satisfação, ele é apenas um meio para adquiri-lo.

Impulso é o termo utilizado para designar um tipo de energia interior que leva os seres vivos à ação. Os impulsos são formas de comportamento por meio das quais os seres vivos procuram restabelecer o seu equilíbrio. Não são as metas ou objetivos que disparam a conduta motivacional, mas é a busca de equilíbrio orgânico ou psicológico que faz o ser humano perseguir aquilo que for capaz de saciar suas carências.

Quando uma necessidade não é atendida, passa a representar uma ameaça de desgaste tanto físico como psicológico. A partir de determinada intensidade, essa ameaça é capaz de romper o equilíbrio homeostático do organismo, necessário para se conseguirem condições propícias à manutenção da vida. Por exemplo, a reação do organismo sudorese é disparada quando o calor é muito intenso, a pupila se contrai sob a luz intensa para evitar ofuscamento. O não atendimento ou não satisfação de uma necessidade leva a um estado carregado de sentimentos de insatisfação que, se não forem devidamente resolvidos, levarão a uma predisposição negativa reconhecida como agressão que uma pessoa pode voltar contra si mesma ou contra a instituição de trabalho. Esse desgaste já é o primeiro degrau que leva a uma subida ao estresse.

Conforme o *Dicionário de Psicologia Larousse* (s.d., p. 331), a "homeostasia" é a tendência do organismo que visa à manutenção constante das condições de equilíbrio com o meio ambiente. Essa noção, introduzida na fisiologia por W.

> *É a busca de equilíbrio orgânico ou psicológico que faz o ser humano perseguir aquilo que for capaz de saciar suas carências.*

B. Cannon, em 1926, estendeu-se para o domínio da psicologia. O organismo reage quando se vê ameaçado pelo desequilíbrio ocorrido sob a ação de agentes que põem em risco os mecanismos de adaptação ao meio. Todo fator capaz de destruir esse equilíbrio, seja ele de ordem física, como o frio intenso, de ordem química, como veneno, ou psicológica, como emoção, é denominado agente estressor.

Diante da iminência de um futuro estresse, é necessário reagir o mais rápido possível para evitar maiores desgastes. Pereira, J. C. (2015, p. 33) condena esse tipo de alienação – o que leva a não questionar aquilo que possa estar acontecendo. Diz ele: "toda pessoa alienada é supostamente feliz". Mais adiante, explica que, "além de felizes, estão satisfeitas com tal condição e, portanto, são pacíficas e consequentemente acomodadas". Não reagir é uma questão atual que se tornará exuberantemente cara no futuro.

Cada motivo tem seu lugar

Cury, A. (2016, p. 135), falando da complexidade da vida, reflete: "A personalidade humana é como uma onda do mar e o tempo é como uma praia." Portanto, cada "onda tem uma silhueta, assim como cada personalidade tem suas características" que permitem reconhecê-la. "Todas encenam sua peça no teatro do tempo." Desse modo, o autor se refere às diferenças individuais, fator preponderante da natureza humana.

Capítulo 4

Motivação e necessidade são sinônimos. Caso falte um dos dois elementos, a necessidade persistirá. Ela pode até não ser de nítido conhecimento da própria pessoa e estar latente, mesmo assim ela leva à ação. Para Archer, E. R. T. (1988, p. 57-65), as necessidades "existem porque a pessoa existe". Em nenhum momento da vida o ser humano está a salvo das carências que dinamizam seu comportamento motivacional.

> *Para Michel, a noção de necessidades coloca a fonte da motivação no interior do homem.*

Olhando alguém de frente, consegue-se notar as características físicas próprias dessa pessoa. No entanto, é só quando ela se comporta que se consegue caracterizar sua verdadeira diferença individual. Isso significa atribuir tipos diferentes de personalidade, como, por exemplo: detalhista, rápido no agir, sociável, introspectivo, apressado, lento e assim por diante. São incontáveis os possíveis tipos de personalidade. Nem gêmeos univitelinos são iguais – prova disso são as diferenças de impressões digitais entre eles.

Michel, S. (1994, p. 12) acredita que "a motivação diz respeito ao indivíduo como um todo". Para ela (1994, p. 20), a "noção de necessidades coloca a fonte da motivação no interior do homem". A diferença entre a motivação intrínseca e a motivação extrínseca é apontada ao referir-se que a "satisfação obtida está ligada à execução da tarefa em si mesma". Já no caso da motivação extrínseca, surge quando se "buscam recompensas externas à tarefa". No primeiro caso, trata-se do prazer subjetivo e no segundo são perseguidos os objetivos concretos e palpáveis, como, por exemplo, o ganho pelo trabalho.

As características motivacionais de cada um são indícios típicos da sua individualidade, o que serve como uma base sólida para admitir que nem todos fazem as mesmas coisas pelas mesmas razões. Os testes psicológicos que avaliam tipos de inteligência, características emocionais e muitos outros aspectos da personalidade humana são o instrumental utilizado pela psicologia para o reconhecimento da individualidade de cada um.

> *As características motivacionais de cada um são indícios típicos da sua individualidade.*

Nenhum programa computadorizado conseguiu até o momento traçar o perfil de personalidade, principalmente quando se trata de traços profundamente interiores da personalidade humana. A avaliação dessas provas só é feita consultando manuais volumosos a partir dos quais os especialistas chegam à individualidade típica daquele que se submeteu a ele. Alguns desses testes são tão complicados em sua avaliação, que o profissional que trabalha com eles não tem outra especialidade no campo da psicologia, como é o exemplo do teste de Rorschach, criado pelo psiquiatra suíço Hermann Rorschach em 1922. Desde essa época, as manchas de simetria bilateral vêm sendo pesquisadas em conjunto com outros testes de personalidade – até hoje ele é objeto de considerável número de investigações.[2]

O conjunto de necessidades está ligado a diferenças individuais e explica o que se passa naquele momento com cada pessoa. O mesmo objetivo motivacional tem significados diferentes para pessoas diferentes. Portanto, **o objetivo motivacional é perseguido a cada momento particular e a direção de busca será prioritariamente determinada por um fator interno e individual ainda não suprido.** Por isso, é inviável motivar alguém, pois não se pode colocar uma necessidade no interior de uma pessoa.

Archer, no seu artigo *"O mito da motivação"*, enfatiza o caráter intrínseco da motivação quando diz: "a mais profunda implicação aqui é que ambos os comportamentos, tanto os condi-

> *O mesmo objetivo motivacional tem significados diferentes para pessoas diferentes.*

cionados como os incondicionados, exigem alguma necessidade ativa intrínseca existente para energizar ou motivar o comportamento". Para Archer, E. R. T. (1978, p. 57-65), não se pode confundir a necessidade com aquilo que a satisfaz, e isso representa um erro grosseiro cometido por leigos no assunto. O autor acrescenta que os fatores de satisfação "são a antítese das necessidades". Portanto, os fatores de satisfação podem ser considerados como "a antítese dos motivadores". As necessidades não atendidas é que determinam o tipo de satisfação e não "aquelas coisas" que as satisfazem.

Sempre existirá alguma necessidade. A ausência dela, de forma explícita, é que permite o diagnóstico de um quadro incomum. Não se pode também considerar que existam programas motivacionais de largo espectro que atinjam a todos de uma só vez, pois cada pessoa está em um momento de vida diferente das demais e está buscando algo diferente delas. Medidas indistintas chegam mesmo a criar problemas para certas pessoas. Premiações extrassalariais não têm valor nenhum, caso o esquema da política salarial não ofereça equidade. Promoções para certos cargos mais altos podem desequilibrar o conforto dado pelo orgulho daquilo que se faz bem. Viagens para o exterior, por exemplo, podem pôr em situação de risco aqueles que não conhecem o idioma do país a ser visitado.

Aquele que faz jus a alguma premiação deveria participar dos procedimentos de escolha do prêmio que receberá. Muitas vezes, projetam-se no outro preferências que não são dele, mas sim daquele a quem cabe decidir a escolha do prêmio. Se o prêmio não é valorizado ou desejado por aquele que o receberá, poderá enraivecê-lo contra o seu trabalho e a empresa. Conforme Bruce, A. e Pepitone, J. S. (1999, p. 1), "você não pode motivar outra pessoa. Você só pode influenciar aquilo que ela

---

[2] *Dicionário de Psicologia Larousse do Brasil*, s.d., p. 306.

Conforme Bruce e Pepitone, você não pode motivar outra pessoa. Você só pode influenciar aquilo que ela já está motivada a fazer.

já está motivada a fazer". Quase todos os autores estão de acordo com relação àquilo que muitos executivos relutam em aceitar: **que não se pode motivar alguém**.

Fortes restrições existem quanto ao uso de pessoal terceirizado. Ele deve ser evitado ao máximo. No geral, pouco se conhece a respeito das expectativas motivacionais dessas pessoas. O melhor é não usar esse recurso que financeiramente parece muito conveniente, mas do ponto de vista humano e de atendimento de necessidades é desastroso. Uma vez trabalhando desmotivados, transmitem esse estado negativo àqueles que trabalham como efetivos. Contratam-se apenas as mãos dos terceirizados, mas seu coração fica parado na porta da empresa.

Programas oferecidos pela organização para desenvolvimento de líderes eficazes deveriam oferecer recurso aos participantes que lhes permitisse caracterizar diferenças humanas individuais. Sem isso, será muito perigoso oferecer-lhes esse cargo.

Cenouras e chicotes

As organizações que permitem o atendimento dos interesses e aspirações pessoais deles, como afirmam Tjosvold, D. e Tjosvold, M. M. (1995, p. 63), "desenvolvem a autoestima e o apoio social vital para a saúde e bem-estar psicológico" dos seus colaboradores. Elas melhoram a produtividade devido à consideração autêntica daqueles que colaboram com seu trabalho.

Oferecer outro objetivo em substituição à primeira escolha não aplacará a ansiedade criada pela pressão interior. A compreensão mais realista daquilo que foi conceituado como motivação só é atingida à medida que se considera o sentido que cada um dá às suas necessidades motivacionais intrínsecas. Em um estudo especial, Amabile, T. M. e Kramer, S. J. (2007, p. 42-53) descobrem a importância da percepção de si e do trabalho na motivação. Afirmam que se "a percepção da pessoa é de que o trabalho e ela própria têm valor, a motivação será alta". Nessas circunstâncias, "produtividade, compromisso e coleguismo" atingirão níveis mais altos.

Pink, D. H. (2010, p. 5) aponta que "quando não há recompensas esperadas", bem como quando os "incentivos são aplicados com habilidade necessária, o desempenho melhora e a compreensão" se amplia. No entanto, quando se colocam em destaque as recompensas extrínsecas, "muitos só trabalham até o ponto em que a recompensa é acionada". O autor relaciona uma série de consequências negativas que o uso das recompensas determina (p. 51):

Quadro 4.1 Consequências negativas do uso de recompensas

Cenouras e chicotes
1. Extinguem a motivação intrínseca.
2. Prejudicam o desempenho.
3. Embotam a criatividade.
4. Afetam o bom comportamento.
5. Estimulam a trapaça, os atalhos e o comportamento antiético.
6. Tornam-se viciantes.
7. Limitam o raciocínio no curto prazo.

As organizações relutam em aceitar que a administração possa, na melhor das hipóteses, satisfazer ou contrassatisfazer as necessidades das pessoas. A não satisfação das necessidades já preexistentes determinará a queda da satisfação motivacional, determinando várias consequências indesejáveis. Embora não queiram ser chamados de controladores, os administradores e executivos geralmente não se mostram muito abertos em aceitar o caráter interior da motivação. Basta lembrar que alguns levantamentos feitos nos Estados Unidos apontam que entre 70 e 95% das empresas norte-americanas já estiveram ou ainda estão envolvidas com algum tipo de programa de premiação por desempenho.

Kohn, A. (1998, p. 53) aponta os efeitos indesejáveis do uso das recompensas na busca de se melhorar a motivação. Segundo ele, "os esforços geralmente não alteram as atitudes e o comprometimento emocional subjacente aos comportamentos", o que fala a favor da sua fragilidade em promover reações

> *Para Pink, quando não há recompensas esperadas e quando os incentivos são aplicados com habilidade necessária, o desempenho melhora e a compreensão se amplia.*

desejáveis. Confirma que "não promovem mudanças profundas e duradouras", visam afetar apenas aquilo que se faz a um nível superficial.

O fato de não se levar em conta a individualidade motivacional representa colocar em risco a integridade e a individualidade, o que significa grande ameaça de desintegração da própria identidade. A autoconsciência e a autoestima estão necessariamente ligadas e são interdependentes. Ao se referir à necessidade de autoestima e autoconsciência, Argyle, M. (1976, p. 46) propõe: "Um tipo de motivação nesta área, que deve ser proposto é a necessidade de autoimagem clara, distinta e coerente." Não só a pessoa tem necessidade de reconhecer-se única, como ela também depende da confirmação disso através do *feedback* que recebe.

Quando o atendimento das expectativas individuais se torna viável, a rigidez administrativa cede lugar à predisposição criativa tão característica daqueles que estão realmente atravessando momentos favoráveis de sua satisfação com o trabalho. Como reconhece Minarik, E. (1987, p. 45), "a motivação interior impulsiona o indivíduo a utilizar suas aptidões" e pontos fortes. O autor não deixa de acrescentar que "a realização desse desejo pode ser tanto facilitada como bloqueada, a partir do modo como funciona o ambiente de trabalho". O desbloqueio dessa energia faz com que se deixem de lado medidas que só conseguem desmotivar as pessoas, como no caso de controle rígido e ausência de flexibilidade.

> *Não só a pessoa tem necessidade de reconhecer-se única, como ela também depende da confirmação disso pelo feedback que recebe.*

Como afirmam Gondin, S. M. G. e Silva, N. (2004, p. 156), as recompensas extrínsecas em lugar das intrínsecas levam a uma repercussão problemática no tocante ao interesse individual, "gerando dependência a recompensas externas e diminuindo o envolvimento afetivo com o trabalho". O consciente e a razão, em vez de ajudar, podem complicar ainda mais o processo de retribuição aos esforços individuais. Nunca se sabe com que tipo de predisposição serão recebidos. Cenouras e chicotes são mais perigosos do que se pensa.

Bowditch, J. L. e Buono, A. F. (1992, p. 239) vão direto à importância da satisfação gerada pela retribuição organizacional, propondo que essa "satisfação geral com o trabalho é influenciada pela satisfação tanto com as recompensas intrínsecas como as extrínsecas". Conclui-se que a inadequação do uso das retribuições pode criar uma séria insatisfação que se transferirá para o trabalho. Seria melhor não tê-las usado, pois o efeito do seu uso foi contrário ao desejado. Recebendo um pagamento justo pelo trabalho que se faz, não há necessidade de premiar ninguém.

> *Para Gondin e Silva, as recompensas extrínsecas em lugar das intrínsecas geram dependência a recompensas externas, diminuindo o envolvimento afetivo com o trabalho.*

A emoção da motivação

Etimologicamente, o termo *emoção* vem do latim *emovere*. O *Dicionário de Psicologia Larousse* aponta que, "etimologicamente, a emoção é aquilo que põe em movimento" (s. d., p. 119). A palavra *sentimento* expressa aspectos menos intensos da emoção. As emoções estão "intimamente ligadas às necessidades, às motivações e podem estar na origem de distúrbios mentais e psicossomáticos". Elas aparecem principalmente em situações inesperadas, nas quais existe dificuldade de adaptação, e representam o esforço de restabelecer o equilíbrio. As emoções são estados psicológicos normais, "pois suscitam um comportamento de adaptação" do indivíduo a si mesmo e ao meio.

Lorenz, K. (1988, p. 21) considera a importância da emoção como um reduto de força dos seres humanos. No entanto, acredita que "*Not to get emotionally involved*,[3] é uma das principais preocupações de muitos habitantes das grandes cidades". Embora isso corresponda a "um comportamento inevitável que carrega um sopro de desumanidade". Quanto mais as pessoas estão submetidas a "massificação do homem, mais se sentem acuadas pela necessidade de *not to get emocionally involved*". Não estando emocionalmente envolvidas, isso se tornará mais fácil.

O ser humano já nasce motivado no sentido da busca de emoções positivas e da fuga das emoções negativas. Como diz Coon, D. (2006, p. 176), "muitas das metas que buscamos nos fazem sentir bem. Muitas das atividades que evitamos, nos fazem sentir mal". A emoção é considerada como uma vivência característica particular e subjetiva. Uma obra de arte interpretada por duas pessoas terá duas descrições diferentes. Grande parte daquilo que se conhece como emoção foi derivada da interpretação das obras de arte, através das personalidades dos artistas e das mensagens que transmitem em sua produção artística.

> *Recebendo um pagamento justo pelo trabalho que se faz, não há necessidade de premiar ninguém.*

Ururahy, G. e Albert. E. (2015, p. 39) acreditam ser "fascinante observar de que maneira as emoções, iniciadas no cérebro, propagam-se pelo corpo". A emoção é uma das características do ser humano. Sem ela, ninguém consegue manter-se vivo, porque ela é "uma fonte de energia insubstituível que nos permite reagir com um máximo de eficiência diante de um desafio ou uma agressão". Trata-se aqui do lado positivo da emoção.

No entanto, ela pode trazer prejuízo para quem a vive caso ultrapasse determinado nível. Quando ela se acumula, produz "alterações fisiológicas" que podem levar ao estresse, transformando-se no "maior agente envelhecedor do corpo", principalmente se esse acúmulo for "proveniente de tarefas tediosas e repetitivas", bem como "de situações fora do controle do indivíduo", o que "hoje é considerado como o maior fator de risco para a saúde". Sem emoções, a vida representa um grande sofrimento.

A maturidade emocional não ocorre necessariamente com o passar do tempo. Essa maturidade depende da aprendizagem adquirida com as vivências, como no caso da maturidade intelectual. Há casos considerados como anormais de adultos que se fixaram na fase captativa ou oblativa das emoções. Essas pessoas não conseguiram aprender com suas experiências e são consideradas adultos infantis ou

---

[3] Não ficar emocionalmente envolvido.

Capítulo 4

> *Sem emoções, a vida representa um grande sofrimento.*

adolescentes. Na convivência com elas, é possível reconhecer atitudes típicas da fase na qual interromperam seu processo de amadurecimento emocional.

Quando se apresenta um "estado emocional violento, seu resultado caracteriza-se por profundas desordens somáticas e psíquicas", como afirma Madre Cristina Maria Dória, C. S., (1960, p. 220).

Para Dória, C. S. (1960, p. 233), o processo emocional é desenvolvido em quatro etapas, que são:

"a) **estímulo**: a emoção tem seu curso provocado pela necessidade [...];
b) **ativação**: estimulada pela necessidade, a emoção vai se atualizando, levando o homem a sentir [...];
c) **modificações somatopsíquicas**: ao mesmo tempo que se ativa, a emoção modifica o físico, o fisiológico e o psicológico [...];
d) **extinção**: [...] Quando as necessidades são atendidas, a emoção amortece e desaparece."

Na busca da sequência lógica entre os fatos já vividos pelo indivíduo, a teoria psicanalítica chega à descoberta de que a infância tem papel crucial, de indiscutível importância. Os motivos atualmente perseguidos pelas pessoas têm ligação com o seu passado. Só se poderá realmente entender o quadro atual da motivação na medida em que ele esteja coerentemente ligado ao desencadeamento de experiências emocionais ao longo do tempo. A energia intrapsíquica constitui aquilo que Freud denominou *pulsões interiores*.

> *Só se poderá realmente entender o quadro atual da motivação na medida em que ele esteja coerentemente ligado ao desencadeamento de experiências emocionais ao longo do tempo.*

Existem predisposições emocionais inatas, como chorar quando se tem fome. Existem outras predisposições adquiridas, como dirigir sem pensar naquilo que se faz. Esse é o grande mérito de Freud, uma vez que aprofundou o estudo do comportamento humano, explorando em especial o aspecto inconsciente das motivações daqueles que o procuravam como terapeuta.

Na apresentação do livro de Freud, *Psicologia das massas e análise do eu*, o grande interesse do psicanalista está voltado para aqueles pacientes "que apresentavam paralisia de membros, mutismo, dores, angústia, convulsões, contraturas, cegueira etc. Por não haver explicação plausível para tais sintomas e sofrimentos", sentindo-se desafiado, Freud mergulhou fundo nesses quadros buscando "as raízes psíquicas do sofrimento histérico e não a explicação neurofisiológica de tal sintomatologia".

A sua proposta, então, o fez abandonar o hipnotismo muito utilizado pelos dou-
tores da época, principalmente por Charcot – mestre que muito ensinou Freud no
hospital de Salpêtrière, em Paris (1885-1886).

Antes de Freud, os chamados "loucos" eram acorrentados de tal forma que não
conseguiam sentar-se, sendo considerados como possuidores de maus espíritos,
tendo sido libertados por Pinel. Freud era de opinião que o doente deve ser res-
peitado e não desprezado.

Motivação inconsciente

Com Sigmund Freud (1856-1939), os esquemas puramente fisiológicos e neu-
rológicos que pautavam o conhecimento do ser humano ficaram decididamente
ameaçados. Passou-se a cogitar, cientificamente, daquilo que é mais profundo e
interior na personalidade de cada ser humano, suas *emoções*. As emoções dão colorido afetivo às necessidades que passam a ser estudadas como elementos dotados
de dinâmica própria e energizam os diferentes aspectos psíquicos, transforman-
do-os em simples atitudes isoladas de maneiras de agir. Para Freud, a origem dos
distúrbios do comportamento era de natureza psíquica e não fisiológica. Essa
declaração escandalizou o meio médico da época e sustentá-la perante os colegas
médicos pesou muito sobre os ombros do pai da psicanálise.

Fora dos laboratórios, os estudos feitos pelos psicanalistas procuraram entender
o homem com base na busca da lógica que liga o desencadeamento dos fatos que
formam suas próprias vivências. Os sintomas ou comportamentos observáveis, no
momento atual estão ligados a acontecimentos vividos pelas pessoas em épocas
anteriores, compondo as suas próprias histórias de vida.

Muito se aprende a cada dia a respeito das funções emocionais por meio das
pesquisas com psicofármacos e mediadores do sistema nervoso central. Essas
drogas podem maximizar ou inibir certos estados emocionais, sejam eles sob o
aspecto positivo, aumentando a produtividade emocional, ou negativo, precipi-
tando estados depressivos.

Isso tudo muda o centro de atenção dos estudos do comportamento humano.
Minerbo, M. e Marques, O. H. D. (s.d., p. 64-71), ao explorarem a liberdade de
escolha pessoal sob o ponto de vista da psicanálise de Freud, relatam que as decisões
pessoais "são movidas por pressões externas ou por desejos inconscientes". Isso
acaba por reduzir "a liberdade absoluta de vontade ou livre-arbítrio, que é inerente
à raça humana", quando o "indivíduo padece de algum transtorno mental". Ele
também não encontra "na comunidade em que vive espaço para desenvolver suas
potencialidades e realizar seus objetivos". Para Freud, portanto, a pressão interior não
encontra lenitivo nas vivências experimentadas no próprio ambiente de cada um.

Capítulo 4

Os autores acreditam que "Freud chega a observar nos indivíduos uma sensação de coação psíquica em decisões relevantes". Dentro dessa perspectiva, o ser humano começa a negar a realidade descolando-se dela. Isso leva ao "comprometimento da consciência, dando origem a comportamentos que normalmente não teria". Nem o próprio indivíduo tem consciência disso.

Freud aparece como o primeiro psicólogo a considerar e valorizar de maneira científica aquilo que passa a ser chamado de *"conteúdo psíquico"*. Os conteúdos psíquicos acham-se impregnados de *catexias* ou forças, que são as valorizações afetivas, positivas ou negativas. Cabe a elas orientar a percepção do mundo, sendo as emoções consideradas cruciais na caracterização da direção e intensidade do comportamento motivacional.

> *As emoções são consideradas cruciais na caracterização da direção e intensidade do comportamento motivacional.*

Embora não se possa negar que as suposições básicas da psicanálise de Freud tenham nascido da observação do comportamento diagnosticado como anormal, que abrange os quadros patológicos, neuróticos e psicóticos, hoje não há como negar o enorme peso da contribuição dessa descoberta. Partindo da patologia, foi possível chegar ao entendimento mais próximo daquilo que representa o ser humano normal em sua maneira habitual de agir.

No *Livro da Psicologia* (2012, p. 95) está a sequência dos estados patológicos até o tratamento proposto por Freud. Segundo o texto, certos acontecimentos reputados como **dolorosos ou inapropriados** demais para que a mente consciente possa suportar, ideias, memórias e impulsos são **reprimidos**. A partir de então, junto com os nossos impulsos inconscientes, são **armazenados no inconsciente**, no qual não são acessíveis pela consciência imediata. É dessa forma que "o inconsciente **dirige em silêncio os pensamentos e o comportamento do indivíduo**". É a partir da diferença entre nossos pensamentos conscientes e inconscientes que se cria uma **tensão psíquica**". Essa tensão "só encontra alívio quando permitimos às memórias reprimidas virem à consciência por meio da psicanálise", ou melhor, quando o paciente fala delas ao terapeuta. A metodologia psicanalítica é também conhecida como a *cura pela fala*. Freud propõe um método científico para estudar e resolver os distúrbios dos seus pacientes histéricos.

Freud considera que nem o próprio indivíduo consiga intervir no desencadeamento do seu processo motivacional inconsciente. Ele propõe que existam fatos e conteúdos psíquicos que escapam ao conhecimento da pessoa e, com grande frequência, essas pulsões negativas a conduzem rumo a determinado objetivo improdutivo. As pessoas ignoram a maior parte e as mais verdadeiras razões das suas ações. As emoções desconhecidas levam as pessoas a agirem impulsionadas por forças interiores sobre as quais perderam o controle, e representam o caráter inconsciente da motivação.

As forças instintivas, em confronto com as restrições sociais e com a escala de valores interiorizada, fazem o autor da psicanálise comparar o psiquismo à figura de um *iceberg*. Servindo-se dessa alegoria, Freud pretende demonstrar que o mais importante na determinação da orientação comportamental esteja submerso e inacessível à observação, como aquela que se pretendeu fazer nos laboratórios experimentais. A ponta do *iceberg*, acessível à observação direta, é a menor parte conhecida pela pessoa. Em compensação, o id, que contém os dados vividos e esquecidos, constitui a maior parte do psiquismo, de inegável influência sobre as pulsões motivacionais.

No tratamento psicanalítico, o paciente faz um relato dos principais acontecimentos da sua história de vida. Analisando esses relatos, Freud encontra a justificativa dos sintomas atuais, como, por exemplo, paralisias, hidrofobias e outras doenças. Freud concluiu que a origem desses estados não era de ordem física, mas sim psicológica. Esses relatos estão cheios de conteúdo emocional, o que lhe permitiu apontar que são os instintos e as emoções a grande causa das desordens atuais dos seus pacientes.

Aquilo que Freud chama de felicidade no sentido mais restrito provém da "satisfação de necessidades represadas em alto grau". Desse modo, deixa bem claro que "qualquer situação desejada pelo princípio do prazer se prolonga, ela produz simplesmente um sentimento de contentamento muito tênue" Freud, S. (1969, p. 32). O homem não chega a ter acesso ao conhecimento desses processos interiores sem a ajuda do terapeuta. Pode até mesmo não ter a mínima percepção deles. No entanto, deixa-se guiar por essas orientações, premido que é pela necessidade de liberação desses desejos reprimidos no passado. É dessa forma que ele propõe aquilo que hoje é conhecido como motivação inconsciente.

O sentido de atribuir o nome *catártico*, cuja origem vem do grego *catarsis*, método da purificação, era o de que, relatando suas vivências dolorosas, os pacientes se libertariam dos sentimentos de culpa que tais fatos poderiam ter instalado no momento em que ocorreram. As emoções que acompanham

> *Aquilo que Freud chama de felicidade no sentido mais restrito provém da satisfação de necessidades represadas em alto grau.*

esses fatos são revividas e analisadas pelo terapeuta, que juntamente com o paciente procura a ligação com eventos considerados como traumáticos. Daí o termo *psico* (*análise*).

Após a morte de Freud é que se atribuiu a seu trabalho o valor inédito que ele merece. Muitos autores passaram a escrever sobre a sua obra, dando origem assim a diferentes perspectivas teóricas dos aspectos emocionais focalizados por ele.

Capítulo 4

Muitos desses autores continuaram as pesquisas de Freud, como é o caso de Jung, Adler, Karen Horney e Erich Fromm, mas outros que procuraram destruir aquilo que ele encontrou não tiveram a capacidade de omitir a importância do legado do grande sábio da psicanálise.

O mundo inconsciente nas organizações

Um dos trabalhos mais importantes sobre o tema é aquele proposto por Paul Diel (1969, p. 21), que leva em conta dados fornecidos pelo intelecto oriundos não somente do mundo externo. O autor esclarece como funciona essa função psíquica, ao afirmar que "os objetivos do mundo interior, os desejos, não existem senão em relação energética com os objetivos do mundo exterior". Os objetos do mundo exterior são os excitantes.

Essa tensão energética é considerada como a "mais primitiva energia psíquica". Para Diel, os desejos do ser humano "encontram-se em constante transformação, são considerados o trabalho intrapsíquico, que prepara o trabalho extrapsíquico, que são as reações". Apenas as reações dos indivíduos são observáveis, mas elas não constituem senão um retrato de todo um processo interior de registro de dados. Muito daquilo que se sabe sobre as emoções ficou conhecido a partir do exame das obras de arte. Um bom exemplo disso é o tipo das obras de Van Gogh e Gauguin, que eram contemporâneos e amigos. Van Gogh, como disrítmico, usa cores claras e Gauguin já criou obras mais escuras que bem retratam sua personalidade depressiva.

> *As organizações são constituídas por indivíduos que trazem, cada um deles, sua própria personalidade, que é única como estrutura básica aos processos de decisão.*

Em todas as áreas da atividade humana, o inconsciente continua esculpindo as principais feições do comportamento humano. Isso também não poderia deixar de ocorrer dentro das organizações, conforme alerta Kets de Vries, M. F. R. (1986, p. XVI); "pelo contrário, as organizações são constituídas por indivíduos que trazem, cada um deles, sua própria personalidade, que é única como estrutura básica aos processos de decisão. O autor mostra que aquelas decisões que os indivíduos levam a efeito no seu trabalho são compostas também pela "complexidade das personalidades individuais e do intrincado aspecto da integração grupal". Fica assim relegado a segundo plano o "mito da racionalidade organizacional", que só poderá ser mais bem entendido uma vez que se leve em conta "o papel do inconsciente na motivação humana e o seu impacto no processo decisório", especialmente no tocante à decisão da cúpula diretiva da organização. Essa perspectiva prepara o caminho para a compreensão daquela dimensão menos aparente, mas de decisiva influência no processo de direcionar a filosofia administrativa das organizações, que pode ser normal ou portadora de patologias. As decisões tomadas pelos líderes executivos levam as marcas de seu grau de normalidade psíquica, o que é defendido na atualidade em psicologia organizacional.

Na medida em que as pessoas se desajustam na vida pessoal, acabam por levar esse desajustamento para dentro das organizações. O uso excessivo e disfuncional dos estilos de comportamento motivacional acaba por se transformar nos pontos fracos e retratam um quadro patológico. A pulsão que acompanha as necessidades que buscam liberação através do instinto de prazer não deixa de existir, e quanto mais ela se vê impedida de ser liberada devido ao sentido da realidade do Ego e da escala de valores do Superego, maior pressão ocasiona. A pessoa se sentirá em conflito, o que representa um sinal de alerta. Uma vez que o conflito seja resolvido, a pessoa volta ao desempenho normal. Caso contrário, ela entra num quadro patológico chamado de *depressão* no qual já está definida a impossibilidade de resolução produtiva do conflito.

Como o objetivo motivacional não foi atingido, a sensação que predomina é chamada de *frustração*, que desperta a necessidade de agressão, como forma de ajustamento neurótico. Esta agressão pode voltar-se para o próprio indivíduo, gerando na maior parte das vezes doenças psicossomáticas, tais como

> *As decisões tomadas pelos líderes executivos levam as marcas de seu grau de normalidade psíquica, o que é defendido na atualidade em psicologia organizacional.*

pressão alta, gastrite, doenças de pele e outras. A agressão pode voltar-se para fora da pessoa, que agredirá o mundo em que está. Permanecendo desajustada e improdutiva, ela agride o ambiente de trabalho.

Algumas organizações, em especial europeias, oferecem aos seus executivos programas de desenvolvimento pessoal que trabalham com o aspecto patológico dos estilos comportamentais dos seus altos executivos. São programas de longa duração nos quais cada um deles deve trabalhar na prática esses aspectos que podem comprometer seus relacionamentos pessoais com colegas, subordinados, superiores e clientes da organização.

Segundo Bergamini, C. W. e Tassinari, R. (2008, p. 101), o quadro patológico proposto por Kets de Vries e Miller engloba os estilos: Depressivo, Compulsivo, Paranoide e Histérico. De Vries faz parte do INSEAD, perto de Paris, e tem estado por muitos anos à frente compromissos desse tipo que visam analisar os resultados que essas patologias ocasionam ao dia a dia das organizações.

Capítulo 4

A psicopatologia do comportamento organizacional se afigura como um recente capítulo da psicologia social. A grande expectativa no uso dessa técnica é que se possa reconduzir a pessoa a uma nova postura diante de si e da sua atividade no trabalho. Sentindo-se melhor, esses funcionários ajudarão a descobrir outros que também necessitam dessa ajuda.

> *A grande expectativa no uso da psicopatologia do comportamento social é que se possa reconduzir a pessoa a uma nova postura diante de si e da sua atividade no trabalho.*

É necessário examinar cuidadosamente as queixas que se recebe no ambiente de trabalho. Provavelmente, essas queixas estejam ligadas a comportamentos inadequados, a desorganizações internas, à personalidade patológica de cada um.

Patologia emocional

No mundo das organizações, uma lesão física desperta a atenção no sentido não só de ser aceita, como também de simpatia e preocupação benéfica para com o seu portador. Todavia, um distúrbio psicológico é escondido dos demais pelo fato de o seu portador ser tido como um "louco" no sentido pejorativo do termo. Para Garcia, L. F. (2012, p. 20), as causas da omissão de distúrbios psicológicos são "a insegurança e o medo". O indivíduo se sente vulnerável em situações nas quais possa "ser preterido ou humilhado, de perder o *status* ou deixar escapar o controle da situação". Para o autor, as pessoas evitam até pedir ajuda, com medo que "descubram" seu desajustamento.

A partir do século XVIII, especialmente na Europa, cresceu o interesse pelo estudo e melhor compreensão das doenças mentais. Até então, os doentes mentais viviam em situações subumanas, acorrentados de tal forma que não lhes era possível sentar no chão. Eram acusados de possessões demoníacas, sendo exorcizados por métodos cruéis. Philippe Pinel (1745-1826), impressionado com as condições precárias dos doentes mentais, em maio de 1789, como diretor do manicômio Salpêtrière, perto de Paris, dá uma autorização especial para libertar os doentes algemados há décadas – por isso é considerado como o pai da psiquiatria.

Conforme Garcia, L. F. (2012, p. 21), estudos sobre disfunção do comportamento "tentavam, sem sucesso, dar explicações orgânicas e fisiológicas para sintomas como depressão, hipocondria, histeria e outras disfunções". Essas síndromes são hoje chamadas de neurose. Essa foi a enorme contribuição de Freud descobrindo que tais causas "só poderiam ser psicológicas, e não orgânicas". Para grande surpresa, estavam no inconsciente. Mesmo não conhecidas, elas influenciam a motivação das pessoas. Esse novo olhar sobre o comportamento humano abre as portas de estudos novos sobre inúmeros estados emocionais patológicos em situações de trabalho.

A motivação não é apenas um sintoma de normalidade, mas pode também promover dificuldades de ajustamento interior. Tudo depende do uso disfuncional ou neurótico, das características pessoais e do tipo do objetivo perseguido. Pouco se fala a esse respeito e poucos são aqueles que aceitam que isso possa ocorrer no ambiente organizacional. O desajustamento se transformou em tabu, embora seja voz corrente que não existam pessoas perfeitas. Nos grupos humanos não se tem coragem de admitir os desvios comportamentais. Se em qualquer grupo a aceitação desse fato não é fácil, nos grupos de trabalho isso é proibido, como se todos que aí estão e as empresas para as quais trabalham representassem o protótipo da normalidade. Principalmente aqueles posicionados em níveis organizacionais mais altos omitem estarem sendo submetidos a tratamentos psiquiátricos.

Na motivação está subjacente aquilo que é conhecido como carência ou estado de necessidade. Schutz, W. (1966, p. 15) define necessidade como "uma situação ou condição na qual um indivíduo se encontra não realizado, o que pode levar a consequências indesejáveis". Para o autor: "A satisfação de uma necessidade é condição necessária para evitar consequências indesejáveis de doença e morte" – enquanto isso não ocorre, surge a "ansiedade". Os estilos normais representam o ponto de equilíbrio. Os tipos patológicos que estão nos extremos são comportamentos desgastantes. Eles representam o uso disfuncional e excessivo das características normais de personalidade.

Vínculos sociais

Will Schutz, especialista na área do relacionamento interpessoal, pesquisou a dinâmica interpessoal em pequenos grupos. Seu trabalho descreve os diferentes tipos de motivações inconscientes que podem nortear o comportamento de interação social. Compreender o relacionamento interpessoal e o autoconceito que cada um tem a respeito de si reclama conhecer as características das fases de formação e desenvolvimento desses grupos especiais:

Inclusão

Representa a primeira fase de formação do grupo. Segundo Schutz, W. (1994, p. 28), representa o momento de associação dos membros. Há nessa fase o desejo de receber e "dar atenção, de interagir, de pertencer e ser único", o que implica estar "suficientemente interessado para que cada um descubra aquilo que é".

Capítulo 4

As pessoas podem agir de forma racional ou defensiva. No primeiro caso, há uma busca de contato humano e flexibilidade que permite "adaptação à situação". No segundo, existe ansiedade quanto à provável inclusão e se dividem em:

- **Hipossocial**: introvertido e ausente, mantém distância.
- **Hipersocial**: extrovertido, procura incessantemente as pessoas e quer que elas o procurem.
- **Social**: sente-se confortável em estar com as pessoas ou ficar só.

Controle

Refere-se aos relacionamentos de poder entre as pessoas que procuram controlar.

O uso racional do controle busca certa quantidade de controle na própria vida. Como defesa, representa medo do desamparo ou sobrecarga de responsabilidade, ansiedade e inflexibilidade. Abrange os tipos:

- **Abdicrata**: assume posição de subordinação no sentido de deixar esperança de assumir responsabilidade ou tomar decisões.
- **Autocrata**: procura poder e competição, sendo esperto, sedutor e enganador.
- **Democrata**: usa o controle com eficácia por ter resolvido os assuntos sobre controle.

Abertura

Anteriormente conhecida como a fase da afeição. As pessoas sentem-se desejosas de se abrirem aos outros participantes do grupo.

A abertura pode ter um aspecto racional representado pela escolha de uma "determinada quantidade de abertura" na vida de cada um (p. 50), que se caracteriza como:

- **Hipopessoal (impessoal)**: baixa abertura. A pessoa evita revelar-se aos outros.
- **Hiperpessoal**: fala com qualquer um sobre os seus sentimentos, é extrovertido.
- **Pessoal**: sente-se confortável tanto estabelecendo relacionamentos próximos com os demais, como dando e recebendo afeto.

Essas três fases são esquematizadas no Quadro 4.2.

Para Schutz, um pequeno grupo é formado de duas pessoas até um número de participantes que consigam interagir entre si mantendo exequível a consecução de atividades em qualquer área. O vínculo social produtivo só ocorre quando as pessoas conseguem agir de forma que cada um atenda às expectativas do outro.

Quadro 4.2 Fases de formação e desenvolvimento dos grupos estudados por Schutz

Inclusão	Controle	-
Avalia o grau em que as pessoas se associam umas as outras.	Avalia a intensidade em que uma pessoa assume responsabilidade, toma decisões ou domina os demais.	Reflete o grau em que a pessoa deseja estar aberta a outra pessoa. Varia com relação ao tempo, aos indivíduos e dentro dos relacionamentos.
Orientação social. • Baixa: desconfortável em grupos sociais, tendências a fugir deles. • Alta: conforto em grupos sociais, tendência a procurá-los.	**Orientação para liderança.** • Baixa: evita tomar decisões e assumir responsabilidades. • Alta: assume responsabilidades envolvendo-se no papel de liderança.	**Orientação para o relacionamento profundo.** • Compartilha sentimentos, segredos e pensamentos profundos. • Baixa: precaução em iniciar um relacionamento íntimo em profundidade. • Alta: pronta para iniciar um relacionamento íntimo com os demais.
Ponto de equilíbrio: • Inclui os demais quando necessário. • Deixa-se incluir quando os outros tomam iniciativa.	**Ponto de equilíbrio:** • Assume responsabilidade e toma decisões quando ninguém o faz. • Não sente diminuído ao ser controlado.	**Ponto de equilíbrio:** • Não se furta quando alguém inicia um relacionamento íntimo. • Guarda a devida distância quando isso não é o caso.

5

Estilos de motivação

- ✓ Cada um tem seu estilo próprio
- ✓ Estilo motivacional LEMO
- ✓ Estilo certo no lugar certo
- ✓ Levantamento de Estilos Motivacionais (LEMO)
- ✓ Combinação de estilos
- ✓ O sistema LIFO de Atkins e Katcher

Capítulo 5

Cada um tem seu estilo próprio

Podem existir pessoas parecidas, mas idênticas nunca. Até mesmo as digitais de gêmeos idênticos, nascidos de um mesmo óvulo, são diferentes. Essa diferença não é boa nem ruim. Ela apenas existe e será produtiva ou não de acordo com o uso, que pode ser produtivo quando cada um conhece com clareza o estilo de diferenças que possui.

Retrocedendo no tempo, por volta dos anos 129 a 201 d.C., Galeno expandiu a teoria de Hipócrates a respeito dos fluidos ou humores – que considera as inclinações emocionais ou temperamentos como resultados dos fluidos: terra fria e seca, ar quente e úmido, fogo quente e seco e água fria e úmida. Esses humores determinariam os tipos: *Melancólico*: "triste, medroso, deprimido, poético e artista"; *Fleugmático*: "Lento, quieto, tímido, racional e coerente"; *Colérico*: "Impetuoso, energético e apaixonado"; *Sanguíneo*: "Afetuoso, alegre, otimista e confiante".

Os primeiros pensadores da humanidade, representados pelos filósofos, já se preocupavam em classificar as diferenças do comportamento humano. Essa tendência representa o interesse pela descrição mais evidente quanto às várias formas e manifestações do ser humano. No entender de Handy, C. B. (1978, p. 27), caso "pudéssemos compreender e então prever os modos como os indivíduos são motivados, poderíamos influenciá-los, alterando os comportamentos desse processo de motivação". Isso prova que o interesse por esse invisível gerador de energia comportamental que representa a motivação é bem antigo.

Há séculos, Hipócrates, conhecido como o pai da medicina (400 a.C.), propôs que existem maneiras especiais típicas da conduta de cada pessoa. Sua maneira rudimentar de classificar as pessoas baseava-se na suposição de que constituintes físicos e fisiológicos do organismo seriam os responsáveis pela existência de quatro tipos diferentes de comportamento, que são os temperamentos ligados a quatro diferentes fluidos ou humores do corpo. O sangue, que é o sanguíneo, otimista e esperançoso. A bile negra, melancólico, triste e deprimido. A bile amarela, colérico, irascível. O fleugma, fleugmático, apático. Embora não se tenha comprovação científica da ligação entre as duas variáveis, física e psicológica, Hipócrates percebeu uma diferença interessante, sendo ainda citado na atualidade.

Os estudos que visaram pesquisar as causas das diferenças individuais do comportamento humano foram bem numerosos, lançando diferentes hipóteses sobre as causas dessa diversidade e usando um amplo espectro de elementos.

Segundo o *Livro da psicologia* (2012, p. 318-321), H. J. Eysenck publica em 1967 o livro *The biological basis of personality*[1] e retoma os tipos de Galeno, propondo quatro diferentes temperamentos:

---

[1] As bases biológicas da personalidade.

Estilos de motivação

Quadro 5.1 Os quatro diferentes temperamentos

Melancólico	Fleugmático	Sanguíneo	Colérico
Pessimista, oposto ao sanguíneo	Passivo, oposto ao colérico	Otimista, oposto ao melancólico	Impaciente, oposto ao fleugmático

Freud, considerado como um dos mais importantes pesquisadores a falar dos diferentes tipos de personalidade, propõe que os principais traços da personalidade adulta foram delineados em épocas muito anteriores da vida de cada um. Pela primeira vez, passa-se a considerar o primeiro ano de vida como fundamental na formação dos diferentes comportamentos da fase adulta. O pai da psicanálise localiza nessa fase o desenvolvimento da sexualidade infantil denominada fase oral, na qual a libido, ou instinto sexual recalcado, seria liberada através das mucosas da boca na ação de mamar. Uma ocorrência anormal, denominada trauma durante essa fase, seria a responsável pela fixação oral em um perfil comportamental do tipo *dependência* na idade adulta.

A segunda fase do desenvolvimento da sexualidade infantil, que Freud denominou anal, perdura até o início do terceiro ano de vida. Na fase anal, a libido é transferida para as mucosas anais. É nessa fase que a criança se dá conta do mundo fora dela, descobrindo que pode controlar esse mundo, mediante a liberação ou a retenção das fezes. Um trauma nessa fase leva a um comportamento adulto tipo *rígido e mesquinho*, que retém o dinheiro para punir o mundo de forma obstinada.

A terceira e última fase do desenvolvimento da sexualidade infantil, que perdura dos três aos cinco anos, é conhecida como fase fálica, na qual a zona erógena ou fonte do prazer sexual é localizada nos órgãos genitais. A grande descoberta dessa fase é a diferença entre os sexos percebida a partir do exame das diferenças anatômicas dos órgãos genitais. O trauma ocorrido nessa fase determina o tipo fálico, que tem um comportamento de *invasão e falta de respeito ao outro*.

Para Freud, traumas ocorridos em cada uma dessas fases originariam comportamentos típicos de fixação a elas. É na fase fálica que se dá aquilo que se conhece como comportamento edipiano. O menino deseja sexualmente a mãe e, por não poder possuí-la, introjeta sua personalidade feminina, o que também ocorre com a menina que introjeta a personalidade masculina do pai. Essa é a origem dos comportamentos homossexuais. Não se pode esquecer que essa tipologia baseou-se no comportamento dos pacientes tratados em seu consultório.

Os psicólogos considerados seguidores de Freud apresentam categorias de patologias que foram inspiradas no trabalho dele, o que aconteceu com Jung, Adler, Karen Horn e especialmente Erich Fromm. Embora os tipos descritos por eles tenham recebido diferentes nomenclaturas, os comportamentos apontados guardam grandes semelhanças com a nomenclatura psicanalítica. Os estilos de

Capítulo 5

comportamento motivacional apresentados a seguir foram elaborados com base nas tipologias criadas por Erich Fromm.

O autor, no seu livro *Análise do homem*, tem a principal intenção de caracterizar comportamentos patológicos. Fromm, E. A. (1978, p. 42) propõe que cada um "é um indivíduo com suas peculiaridades e, nesse sentido, sem igual". São considerados como seres humanos, que apresentam diferentes tipos de patologia.

Fromm, E. A. (1978, p. 52) entende por personalidade a "totalidade das qualidades psíquicas herdadas e adquiridas que caracterizam um indivíduo e o torna único". Assim como Freud, ele acredita que a infância seja a fase mais importante na formação da personalidade.

Num primeiro momento, se dá a Orientação Receptiva, na qual as pessoas que seguem prioritariamente a orientação de abertura mostram sensibilidade em termos afetivos. Elas acreditam nas razões daqueles com os quais convivem. Na designação de Freud, essa orientação é característica dos tipos orais, passivos, dependentes e ingeridores de problemas.

A segunda orientação descreve o caráter Explorador do homem, de acordo com o qual as pessoas tendem a explorar o meio no qual vivem, transformando esses recursos em resultados concretos. Na tipologia de Freud, essa orientação identifica-se com as características de comportamento invasor.

Fromm chama de Orientação Acumuladora, que descreve as principais características daqueles que querem sentir-se seguros, por isso procuram acumular tudo o que foi sendo conseguido de forma sistemática e persistente. A acumulação de bens e a obstinação aproximam-se das qualificações do caráter anal descrito por Freud.

Erich Fromm apresenta uma nova dimensão de caráter não mencionada por Freud, dimensão essa que ele denomina orientação de marketing, especialmente valorizada pelo aspecto mercantil da sociedade capitalista. O valor que se consegue ter como pessoa depende daquele que é socialmente atribuído a ela pela sociedade.

> *Para Erich Fromm, o valor que se consegue ter como pessoa depende daquele que é socialmente atribuído a ela pela sociedade.*

O instrumento utilizado para fazer o diagnóstico do estilo deve ser estatisticamente validado com o uso de uma amostra significativa. Além disso, essa amostra deve ser comparada com os resultados de outros testes já validados pela APA;[2] caso os resultados sejam considerados confiáveis, é autorizado seu uso.

O estilo LIFO chamado de **Dá e Apoia** baseia-se nos traços da orientação Receptiva de Erich Fromm, e determinará o estilo de comportamento motivacional

---

[2] American Psychological Association.

LEMO chamado de *Participação*. O norteador comportamental desse estilo é o sentimento e a frase que o põe a caminho é: "Preciso da sua ajuda."

Identificando-se com a orientação Exploradora de Fromm, o sistema LIFO descreve o estilo **Toma e Controla**, cuja grande tônica é a valorização da própria competência pessoal. O norteador comportamental desse estilo é a busca da competência e a frase que o põe a caminho é: "Sei que você é capaz."

A orientação Conservadora dá origem ao estilo **Mantém e Conserva** de Atkins e Katcher, cuja tônica principal abrange apreço à lógica, análise e sistematização. A orientação do comportamento motivacional em destaque é aquela da *Manutenção*, e a frase que o faz agir é: "Examine cuidadosamente o assunto."

Fromm chama de orientação de marketing aquilo que foi reconhecido no sistema LIFO como estilo **Adapta e Negocia**, que privilegia o entendimento interpessoal. Do ponto de vista motivacional, esses indivíduos se deixam nortear pelo organizador da *Conciliação*. A frase que o põe a caminho é: "Preciso que você venda a ideia."

A identificação dos comportamentos motivacionais próprios de cada estilo tornou-se possível em uma pesquisa com mais de três mil executivos brasileiros. Esses estilos comportamentais traziam em seu bojo predisposições típicas a cada orientação motivacional.

Estilos de comportamento motivacional – LEMO

O estilo de comportamento motivacional é considerado como um fator que faz parte integrante da personalidade e dá a ela diferentes orientações de conduta. Essas condutas diferenciam as pessoas quanto à orientação a seguir até atingir determinado objetivo. Diferentes pessoas podem até estar perseguindo um mesmo objetivo, mas o seu estilo de comportamento motivacional faz com que cada uma delas adote uma conduta particular. É por isso que se constata que "nem todos fazem a mesma coisa pelas mesmas razões", o que faz do seu estilo de comportamento motivacional algo de inédito, específico da própria pessoa, sem réplica no universo.

Todos possuem necessidades que estão ativas e são comuns, bem como valorizam alvos que podem ser até semelhantes. Todos experimentam a necessidade de interagir com os demais; no entanto, a forma pela qual o fazem depende dos seus organizadores de comportamento motivacional. Trata-se de uma via preferencial de ação, que é a forma escolhida pela pessoa para lidar com diferentes situações que enfrenta.

Quando alguém delineia sua própria estratégia de comportamento, está elegendo um percurso considerado como mais natural e confortável para si. Nisso

> *O estilo de comportamento motivacional é considerado como um fator que faz parte integrante da personalidade e dá a ela diferentes orientações de conduta.*

Capítulo 5

consiste o estilo de comportamento motivacional, a partir do qual, por força de se ter tido maior sucesso ao adotar determinada via de resolução dos problemas no passado, existe maior confiança em evocá-la no presente. Dessa maneira, é possível afirmar que as principais dimensões das atividades da vida cotidiana caem dentro de um padrão relativamente estável de preferências comportamentais. Essas são as "regras do jogo", que cada um adota quando busca seu ajustamento pessoal. Para alguns autores, trata-se de "um padrão de comportamento que se apresenta habitualmente relacionado com um tema central" (Katcher, A., 1985, p. 43), que permite reconhecer qual o estilo de comportamento motivacional que se está usando.

Segundo Betz, R. (2014), as pessoas têm a tendência de seguir a mesma maneira daquilo que os outros fazem. Diz o autor que "tendemos a fazer o que os outros estão fazendo também". É dessa forma que esperamos "reconhecimento e não queremos atrair qualquer atenção negativa", o que tira das pessoas a possibilidade de explorar mais seus pontos fortes. Elas buscam "se proteger". No entanto, isso as prejudica, pois abrem mão daquilo "que é especial" para si, podendo perder o caminho para a própria felicidade.

O grau de conforto na convivência entre pessoas que possuem estilos seme-lhantes é bastante alto, todavia, sua produtividade na prática apresenta algumas distorções prejudiciais. O direcionamento da percepção do mundo obedece às predisposições interiores a cada estilo. Como afirma Atkins, S. (1981, p. 29), "a vida começa conosco no centro das coisas". A diferença de estilo pode ocasionar dificuldade de compreensão e valorização dos objetivos motivacionais alheios.

> *Como afirma Atkins, a vida começa conosco no centro das coisas.*

A orientação motivacional das pessoas pode ser compreendida segundo uma alegoria – como se elas tivessem nascido no centro de uma sala, com quatro paredes, nas quais existe uma janela em cada uma dessas paredes, que olha para o mundo exterior. Como o cenário visto por essas janelas, posicionadas em direções diferentes, não é o mesmo, quando essas pessoas se voltarem para o centro da sala e tentarem descrever umas às outras aquilo que viram do mundo, vai parecer que estão falando de quatro mundos diferentes. Cada uma descreveu, então, um mundo que lhe é peculiar, pois as lentes de percepção que foram utilizadas levaram-nas a ressaltar determinados traços do meio ambiente que são valorizados pelas próprias necessidades ligadas pelos ditames do seu estilo motivacional.

Com relação à motivação do outro, a dificuldade entre as pessoas aparece quando elas precisam trabalhar ou conviver. Só se consegue registrar aquilo que tenha sido filtrado pela própria percepção, aquilo que mais convém a quem a per-cebe. Sabe-se perfeitamente que tais perspectivas parciais não são suficientes para apreender conhecimento do mundo como um todo. Quando se tem informações por meio de uma ou duas janelas, pode-se estar certo de que uma parte importante que pertence à realidade foi perdida. A percepção de cada um modifica essa realidade percebida, fazendo com que só se perceba no ambiente aquilo que possa fazer sentido quanto à satisfação das próprias expectativas.

Hastorf, A. Schneider, D. e Polefka, I. (1973, p. 44), ao se referirem às teorias implícitas de personalidade, afirmam que diferentes pessoas veem realidades diferentes de um mesmo cenário. "As inferências do percebedor, a respeito do outro, revelam mais a respeito do percebedor do que a respeito da pessoa percebida". Isso ocorre porque o próprio percebedor escolhe aquilo que vai observar. Caso se peça a um médico, a um economista, a um psicólogo e outros profissionais que descrevam uma mesma pessoa, obter-se-ão descrições diferentes dela.

Estilo certo no lugar certo

O objetivo primordial do ser humano é a busca da felicidade, "porque é ela que dá sentido a todos os outros objetivos". Como afirma Magalhães, D., (2014, p. 129), "como não existem duas folhas de árvore idênticas nem duas digitais idênticas", é preciso reconhecer que "não pode haver dois projetos de felicidade idênticos". É por isso que as pessoas verdadeiramente felizes "são mais originais e menos preocupadas em se parecer com todo mundo". Essas pessoas são mais felizes, além de mais bem-sucedidas.

Cada pessoa é, ao mesmo tempo, uma combinação especial de quatro estilos. Aquilo que particulariza cada estilo pessoal é a ênfase com a qual cada um desses estilos se faz notar. No composto original de estilos, o estilo principal é aquele usado com maior frequência, e que, por causa disso, é observado como mais evidente no comportamento cotidiano. O quarto estilo, também conhecido como força negligenciada, mostra o comportamento cujo uso a pessoa desejaria evitar, uma vez que se sente insegura e pouco à vontade quando solicitada a utilizá-lo; ele é caracterizado pela sua ausência.

Como as pessoas, a empresa em seu todo passa a ter o mesmo estilo da maioria dos participantes. Katcher, A. e Pasternak, K. (2005, p. 129) afirmam a esse respeito que: "a experiência tem muitas vezes demonstrado que trabalhar em equipes compostas por pessoas com diferentes estilos produz uma sinergia produtiva". Quando existe mistura de estilos, num mesmo grupo de pessoas, o mesmo problema será examinado sob ângulos diferentes, o que se reverterá na maior qualidade das possíveis medidas que esse conjunto de pessoas tomará. O acúmulo de estilos semelhantes poderá levar a um mesmo tipo de decisão, empobrecendo a variedade contributiva dos seus membros.

Capítulo 5

Maccoby, M. (1988, p. 29) chama o composto de estilos próprio a cada organização de "psicoestrutura", que é formada por "atitudes, valores e padrões de comportamento", comuns à maioria dos seus colaboradores. A empresa adotará sua própria personalidade formada pela maior frequência de estilos comportamentais que aí se encontra. Assim como as pessoas, as organizações também têm uma diferença individual de personalidade, pela qual são reconhecidas.

> *A empresa adotará sua própria personalidade formada pela maior frequência de estilos comportamentais que aí se encontra.*

Como as pessoas não mudam suas características comportamentais de forma profunda e de uma hora para outra, as organizações também não se prestam a mudanças rápidas e profundas. Essa personalidade organizacional demorou anos para ser construída. Consultores organizacionais, especialistas em mudança, tomam o cuidado ao levar em conta esse aspecto para evitar desestabilizar o todo organizacional com medidas truculentas e rápidas, tentando implantar qualquer mudança a qualquer preço.

No ponto central da resistência à mudança surge a ameaça da perda de identidade, no tocante ao estilo com o qual as pessoas já se identificaram. Kets de Vries, M. F. R. Carlock, R. S. e Florent-Treacy, E. (2009, p. 213) propõem que para as pessoas "é mais seguro, social e psicologicamente, continuar como se está e, assim, preservar o senso de controle", mesmo que esteja em jogo a sobrevivência da organização à qual se pertence. Não é fácil encarar a mudança, uma vez que ela leva a "questionar a própria competência, a renegociar as relações de trabalho a longo prazo". Além disso, no processo de mudança é indispensável encarar "uma séria ameaça à identidade profissional, o que transforma o ambiente numa situação penosa, especialmente para as pessoas mais antigas".

Levantamento de Estilos Motivacionais (LEMO)

Como diz Ulrich, D. (2012, p. 22-28), "se as pessoas agem a partir da emoção, é porque querem encontrar significado em sua vida – elas têm agido assim mesmo em ambiente de trabalho". É característica típica de cada estilo estar em busca de um esquema produtor que atenda às necessidades próprias da personalidade motivacional de cada estilo. Esse esquema produtor deve ir ao encontro da necessidade não atendida, como, por exemplo, a água é o esquema produtor complementar à sede.

Capelas, H. (2014, p. 137) é de opinião de que aquilo "que predomina em nosso comportamento são emoções". Cada diferença individual de estilo carrega

Estilos de motivação

características motivacionais específicas. Traz grande conforto conhecer e gostar do próprio estilo, aprendendo com isso quais são os pontos fortes a serem mais explorados. Lutar contra o próprio estilo querendo ser alguém que não se é representa uma violência.

> *Como diz Ulrich, se as pessoas agem a partir da emoção, é porque querem encontrar significado em sua vida – elas têm agido assim mesmo em ambiente de trabalho.*

Só se tem oportunidade de sucesso caso a pessoa trabalhe o máximo possível nesse sentido. É necessário conhecer aquelas situações que trazem satisfação motivacional e aquelas que trazem insatisfação, o que significa gerenciar as próprias forças.

Conforme a direção adotada na busca de fatores que satisfaçam às necessidades pessoais, é possível descrever as feições próprias de cada estilo. Os estilos de comportamento motivacional têm quatro orientações básicas:

Orientação para a participação: valoriza o próprio desenvolvimento e contribui para o desenvolvimento dos demais. Idealistas, identificam-se com causas importantes, assumindo a responsabilidade de levá-las a efeito.

Quadro 5.2 Orientação para a participação

Situações que trazem satisfação motivacional	Situações que frustram a satisfação motivacional
• Oportunidade de promover orientação grupal.	• Tratamento impessoal.
• Consultar pessoas e ser consultada por elas.	• Atividades sem significado; falta de idealismo.
• Usar seus talentos para o desenvolvimento das competências dos demais.	• Falta de reconhecimento do valor das suas ações.
• Promover sistematicamente o desenvolvimento pessoal.	• Clima de falsidade, quando as pessoas não são levadas a sério.

Uso excessivo do estilo (pontos fracos): esquece-se de si mesmo, tem dificuldade em marcar limite. Pessoas assim são colocadas nas áreas de recursos humanos, em atividades do tipo administrativo e áreas de pesquisa dentro das organizações.

Orientação para a ação: são rápidas no agir, evidenciam seu desejo de urgência em conseguir que as coisas aconteçam. Preferem enfrentar situações difíceis e não rotineiras, nas quais lhes seja permitido comprovar sua competência pessoal.

Capítulo 5

Quadro 5.3 Orientação para a ação

Situações que trazem satisfação motivacional	Situações que trazem insatisfação motivacional
• Sentir-se desafiado em comprovar sua competência.	• Ter sua ação presa a rotinas desinteressantes.
• Dirigir-se com autonomia.	• Objetivos não claramente definidos.
• Desenvolver atividades variadas.	• Falta de responsabilidade por parte dos demais.
• Ser tratada de igual para igual, sem medo.	• Impossibilidade de controle das variáveis que afetam os resultados.

Uso excessivo do estilo: são tão rápidas que podem tornar-se impulsivas. Invadem o ambiente onde estão.

Orientação para a manutenção: têm preocupação com segurança, construindo cuidadosamente sua vida. Movem-se mais lentamente, conseguindo garantir a boa qualidade daquilo que fazem. Sentem-se bem quando são solicitadas a *examinar meticulosamente* um novo projeto.

Quadro 5.4 Orientação para a manutenção

Situações que trazem satisfação motivacional	Situações que trazem insatisfação motivacional
• Oportunidade de usar lógica e organização.	• Trabalhar com informações confusas e incompletas.
• Ter tempo suficiente para garantir a boa qualidade daquilo que faz.	• Estar sujeito a um clima de pressão e constantes mudanças.
• Contar com fontes confiáveis de consulta.	• Conviver com pessoas dadas a explosões emocionais.
• Sentir que há coerência e justiça no trato com as pessoas.	• Tratar os assuntos de forma incompleta e superficial.

Uso excessivo do estilo: mostram distanciamento emocional. Ficam presas a detalhes sem importância.

Orientação para a conciliação: o valor pessoal depende da boa aceitação do grupo social. Servem-se da harmonia na convivência com os demais. São flexíveis e estão dispostas a rever os seus próprios pontos de vista de forma diplomática. Usam abordagem bem-humorada e otimista. O grande apelo que as motiva é pedir-lhes que *vendam de tudo aos demais*, até a própria imagem.

Estilos de motivação

Quadro 5.5 Orientação para a conciliação

Situações que trazem satisfação motivacional	Situações que trazem insatisfação motivacional
• Desfrutar de uma convivência social harmônica.	• Mostrar-se como ridículo perante o grupo.
• Contar com um ambiente flexível aberto a concessões.	• Precisar seguir normas e horários rígidos.
• Reconhecimento da sua importância pelo grupo.	• Sentir-se socialmente colocado de lado e isolado.
• Conhecer a repercussão social positiva das suas ações.	• Estar em um ambiente sério demais ou de atrito pessoal.

Uso excessivo do estilo: podem dar a impressão de superficialidade afetiva, e ambiguidade atitudinal. Excesso de otimismo não permite levar em conta aspectos mais críticos do problema.

Combinação de estilos

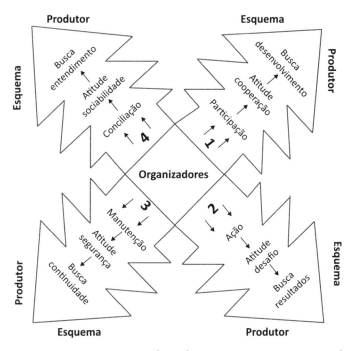

Figura 5.1 Os quatro organizadores do comportamento motivacional.

Capítulo 5

Para caracterizar o composto de estilos motivacionais, foi elaborado um questionário. Esse instrumento de diagnósticos de estilos é constituído de uma série de afirmativas, que devem ser completadas por finais autodescritivos, partindo daquilo que melhor retrate a percepção que cada um tem a respeito de situações mais favoráveis ou menos favoráveis, na busca da sua satisfação motivacional. As características próprias de cada estilo permitem um elevado tipo de conjunto deles, da ordem de 22.400 perfis diferentes. Caso o questionário LEMO (Levantamento de Estilos Motivacionais) tenha sido respondido adequadamente, é possível chegar bem perto do perfil motivacional avaliado. Não se deve forçar ninguém a preenchê-lo – o respondente deve estar motivado para tanto. É necessário observar as condições específicas de aplicação desse instrumento.

> *As características próprias de cada estilo permitem um elevado tipo de conjunto deles, da ordem de 22.400 perfis diferentes.*

Quadro 5.6 Resumo das características pessoais dos estilos de comportamento motivacional

Participação	Ação
Idealista	Rápido
Formador de talentos	Irrequieto
Prestativo	Lidera o comando
Responsável	Convicções firmes
Cooperador	Gosto por competição
Manutenção	**Conciliação**
Meticuloso	Entusiasta
Ponderado	Diplomático
Metódico	Harmonizador de interesses
Analítico	Socialmente habilidoso
Sensato	Negociador

O questionário LEMO não deve ser utilizado em processos de seleção de pessoal, podendo, nessa situação, ter seus resultados distorcidos. Outro cuidado que deve ser tomado é o de nunca aplicar o teste a um subordinado, uma vez que ele pode também distorcer suas opções, tentando atender aquelas expectativas que ele julga ter o chefe que o avalia. Devido a essas restrições, ele exige pessoas habilitadas para sua aplicação – que são os analistas LEMO.

Estilos de motivação

O sistema LIFO de Atkins e Katcher

No decorrer dos anos 1970, Allan Katcher e Stewart Atkins, psicólogos de Los Angeles, procuraram diagnosticar de que maneira as orientações criadas por Fromm se apresentariam em situação concreta de trabalho. O sistema LIFO (*Life Orientation*) descreve quatro orientações comportamentais consideradas como estilos básicos.

Durante praticamente uma década de trabalho com o sistema LIFO de Katcher e Atkins, uma pergunta era feita aos participantes desses programas de desenvolvimento de executivos: As pessoas da sua empresa estão desmotivadas, o que fazer para resolver os problemas criados por essa desmotivação generalizada? Os participantes anotavam sua sugestão para discuti-la posteriormente junto ao grupo formado por pessoas cujo estilo LIFO era bem semelhante. Foram então formados grupos, cuja orientação do estilo LIFO era mais pronunciada, considerada como primeiro estilo. Solicitou-se que o grupo aproveitasse as semelhanças das sugestões de cada participante para formar uma única sugestão de como resolver o problema. Isso permitiu traçar a formação da psicoestrutura do perfil brasileiro de estilos de comportamento motivacional LEMO. Ficou bastante semelhante a comparação da ordem de aparecimento dos resultados do LIFO e do LEMO.

Quadro 5.7 Percentual de frequência do aparecimento do primeiro estilo LEMO

Estilo	Condições habituais	Sob pressão
Ação	49%	24%
Participação	25%	51%
Manutenção	19%	5%
Conciliação	7%	20%

O LEMO surgiu em função de estudos que tomaram por base as características comportamentais dos estilos descritos por Atkins e Katcher. O objetivo dessa tipologia motivacional foi assinalar como se comportavam os estilos LIFO, frente à atividade de busca de fatores de satisfação motivacional. O principal interesse era descobrir se os estilos LIFO tinham tipos diferentes de organizadores motivacionais, o que não ocorreu.

Depois de feito o diagnóstico dos quatro estilos LIFO, solicitou-se que cada um planejasse três medidas concretas para resolver o problema da desmotivação enfrentado por uma determinada organização. As sugestões apresentaram unanimidade indiscutível. Cada estilo comportamental escolheu um determinado tipo de comportamento na busca dos próprios objetivos motivacionais.

Capítulo 5

As sugestões para solucionar o problema das diferenças individuais permitiram encontrar uma correspondência entre os estilos LIFO e os estilos de comportamento motivacional LEMO que retratava as diretrizes motivacionais. Isso mostra que cada estilo comportamental LIFO possui sua própria estratégia para resolver problemas de ordem motivacional.

Quadro 5.8 Correlação dos estilos LIFO/LEMO

Estilo LIFO	Orientação motivacional LEMO
Dá e apoia	Participação
Toma e controla	Ação
Mantém e conserva	Manutenção
Adapta e negocia	Conciliação

O estilo *dá e apoia* prefere convocar a participação dos envolvidos. O *toma e controla* escolhe desafiar a competência de cada um. O *mantém e conserva* segue o curso da objetividade e análise para encontrar a melhor solução. Finalmente, o *adapta e negocia* busca conciliar interesses para chegar a um bom entendimento entre as pessoas.

Uma das evidências de que o questionário LEMO é sensível às diferenças individuais é a distribuição encontrada junto a um grupo de 1.204 executivos que se submeteram à sua aplicação. Conforme o Quadro 5.9, a ênfase dada ao primeiro estilo varia de área para área. Isso quer dizer que existe um diferente conjunto de expectativas motivacionais de acordo com a área em que a pessoa trabalha.

Resultados bem nítidos têm sido obtidos com o questionário LEMO em programas de treinamento e desenvolvimento de competências nos quais a participação das pessoas é voluntária. Outro fator de confiabilidade no uso do instrumento de diagnóstico do estilo aparece quando as pessoas que se submeteram a ele o fizeram em programas de treinamento nos quais foram suficientemente esclarecidas de que não existem estilos melhores que outros. Os resultados inspiram confiança quando se podem desenvolver exercícios e dinâmicas de interação pessoal entre os membros do grupo para que o *feedback* oferecido a cada um sobre suas características pessoais não seja entendido como uma crítica pessoal, mas como um recurso para que cada um possa enriquecer mais a autoimagem e usar com maior frequência seus pontos fortes.

Nessa mesma pesquisa, é possível verificar que os resultados da ênfase de utilização do primeiro estilo de comportamento motivacional variam de acordo com os níveis hierárquicos. Considerou-se para fins de pesquisa o nível hierárquico 1 como a cúpula de dirigentes executivos, sendo o nível 7 aquele de nível mais baixo, isto é, de supervisão direta.

Estilos de motivação

Quadro 5.9 Porcentagem de aparecimento do primeiro estilo, por área de trabalho

Áreas	Ação	Áreas	Participação
Planejamento	60,87%	Recursos Humanos	43,59%
Geral	58,33%	Comercial	25,67%
Administrativa	52,25%	TI	25,56%
Operações	48,39%	Operações	23,66%
TI	47,78%	Administrativa	21,62%
Comercial	47,51%	Financeira	18,63%
Financeira	45,96%	Planejamento	17,39%
Recursos Humanos	37,18%	Geral	16,67%
Total geral	**47,83%**	**Total geral**	**24,62%**
Áreas	Manutenção	Áreas	Conciliação
Financeira	29,19%	Planejamento	13,04%
Operações	20,43%	TI	10
Administrativa	18,2%	Comercial	9,96%
Comercial	16,86%	Geral	8,33%
Geral	16,67%	Administrativa	8,11%
TI	16,67%	Recursos Humanos	7,69%
Recursos Humanos	11,54%	Operações	7,53%
Planejamento	8,70%	Financeira	6,21%
Total geral	**18,99%**	**Total geral**	**8,56%**

O Quadro 5.10 ilustra apenas que a amostra estudada teve certa distribuição de frequência para cada nível hierárquico. Caso se reúna outro grupo de pessoas em outras circunstâncias organizacionais, bem como em outro momento, essa distribuição poderá ocasionar diferente posicionamento classificatório. Esse resultado está, em princípio, ligado às condições do tipo de trabalho no qual as pessoas da amostra operam naquele momento.

Quadro 5.10 Porcentagem do aparecimento do primeiro estilo, de acordo com o nível hierárquico

Nível Hierárquico	Ação	Participação	Manutenção	Conciliação
1	52,94%	11,76%	23,53%	11,76%
2	58,33%	16,67%	16,67%	8,33%
3	46,75%	31,17%	14,29%	7,79%
4	48,19%	20,08%	24,50%	7,23%
5	47,18%	27,18%	17,95%	7,69%
6	54,37%	25,24%	15,53%	4,85%
7	31,82%	13,64%	36,36%	18,18%

Capítulo 5

É importante também que as pessoas, ao responderem ao questionário, estejam suficientemente avisadas de que não existe o estilo ideal para nenhuma atividade. Os estilos representam apenas a característica individual de cada pessoa e são suas marcas digitais psicológicas. Não se trata de qualidades ou defeitos. O uso excessivo ou inadequado desses traços é que os transformará em pontos negativos.

O questionário LIFO já havia sido validado pela American Psychological Association nos Estados Unidos. Sua aplicação em conjunto com o LEMO permite a validação deste último. Esses dois questionários, aplicados em conjunto durante alguns anos, permitiram concluir pela sua validade quanto ao resultado da amostra estudada.

A maneira pela qual cada um utiliza os recursos do seu estilo é particular. Deci, E. L. (1998, p. 39) propõe que não se pode forçar as pessoas a serem diferentes, "precisam sentir que o seu comportamento é verdadeiramente escolhido por elas". Qualquer imposição externa será sentida como ameaça ao equilíbrio pessoal. Para o autor (1998, p. 40), "as pessoas têm necessidade de se sentirem autônomas [...] que se não for satisfeita, determinará 'diminuição do bem-estar'". O bloqueio dessa necessidade as fará sentirem-se controladas, e isso pode diminuir "sua motivação intrínseca". É como se elas perdessem a confiança em si mesmas.

> *Para Deci, as pessoas têm necessidade de se sentirem autônomas, o que, se não for satisfeito, determinará diminuição do bem-estar.*

Thomas, K. W. (2010, p. 12), quando fala dos objetivos organizacionais, aponta a importância deles na identificação do sentido que cada um experimenta e assinala que, quando não se tem "uma ideia clara do objetivo, as pessoas não podem fazer escolhas inteligentes sobre as atividades de trabalho". Consequentemente, ficam "desprovidas de sentido do significado de seu trabalho". Não é isso que as organizações precisam. Para sobreviver, elas precisam de pessoas que assumam a responsabilidade de lidar, apropriadamente, com "as incertezas envolvidas na realização dos seus objetivos". Estar motivado é lutar pela própria felicidade, que é individual e está necessariamente ligada à diferença e às características pessoais de cada um.

Ueda M. (2011, p. 16) confirma que a "experiência humana é o resultado da interação entre o mundo externo e nossos sentimentos", que representam aquilo que de mais íntimo cada um tem – cada um deve respeitar o próprio estilo ao máximo.

Por isso é que jamais "devemos forçar uma pessoa a compreender o mundo da mesma maneira que nós compreendemos", o que seria para ele um esforço sobre-humano. A critividade só joga seu papel em circunstâncias especiais.

6

Os segredos da motivação

- ✓ A doença motivacional
- ✓ O peso do trabalho
- ✓ Obrigação da empresa
- ✓ Falta de motivação
- ✓ Motivação para liderar
- ✓ Motivação normal

As pessoas bem-sucedidas não são isentas de problemas e obstáculos, elas simplesmente os veem como superáveis e usam o magnífico poder da imaginação para visualizar soluções e ter ideias "fora da caixa".

(Lowe, S. 2015, p. 143.)

Capítulo 6

A motivação reserva para cada um surpresas que, embora não se entenda de imediato, explicam muito dos gestos ou atitudes que as pessoas fazem para continuarem vivas. O notável seguidor de Freud, Erich Fromm, em uma obra sua chamada *A sobrevivência da humanidade*, comenta que as "pessoas estão habitualmente dispostas a investir esforço e energia pessoal, a fim de não se deixarem destruir (1978, p. 5). Diz ainda que "o dever de estar vivo transforma-se no indivíduo que ele é em potencial". Estar consciente dessas surpresas ajuda produtivamente a programar como reagir frente a futuros desafios.

O comportamento manifesto é inseparável daquilo que se esconde no mundo interior. Os conteúdos desses dois mundos se interligam, se sobrepõem e se complementam. Essas são as causas internas das reações exteriorizadas chamadas de *motivos* para a ação, de onde vem o termo motivação. Desvendar o significado real de um comportamento humano, sem levar em conta essa dimensão interior da vida psíquica, leva a interpretações superficiais. Conhecê-lo exige o exercício da introspecção elaborada em profundidade.

A importância desses apelos é ressaltada por Lapierre, L. (1990, p. 127), que enfatiza a importância desse conhecimento quando diz que a "personalidade dos indivíduos em cargos de direção tem uma influência inegável sobre a forma de administrar empresas". Isso se faz sentir nas orientações, nas decisões e ações da gestão empresarial. Trata-se das diretrizes interiores da personalidade desses dirigentes, que são os seus "desejos". Qualquer intervenção de caráter administrativo "poderá ser muito irracional, se não levar em conta essas realidades tipicamente subjetivas". O inesperado, geralmente inadministrável, pode dificultar a chegada aos objetivos conscientemente almejados.

> *Lapierre diz que a personalidade dos indivíduos em cargos de direção tem influência inegável sobre a forma de administrar empresas.*

As organizações constituem um fecundo caldo de cultura daquilo que diz respeito ao comportamento inconsciente e irracional. Esse conteúdo oculto propicia a difusão de um clima de incerteza, no qual a ansiedade se estabelece de forma generalizada. A insegurança nasce do fato de não se conhecerem as verdadeiras razões daqueles comportamentos com os quais se precisa conviver. Saxberg, B. O. e Sutermeister, R. A. (1976, p. 11) ressaltam que são muitos os trabalhadores que acusam sentir-se não atendidos em suas necessidades de autoestima e desafio, estando assim "insatisfeitos com os efeitos desumanizadores do seu trabalho". Como resultado, surgem sintomas de alto giro de mão de obra, absenteísmo, indiferença para com os gastos da organização, bem como com o "lucro auferido da produtividade". Os trabalhadores não se sentem motivados a cooperarem para que suas organizações atinjam suas metas globais. A probabilidade de adoecimento do clima organizacional nesse caso é grande.

A maneira como cada pessoa reage diante de um bom número de situações facilita acompanhar o livre curso das motivações inconscientes. Trata-se de comportamentos que não têm explicação lógica com relação àquilo que realmente está certo ou errado. As pessoas que se vinculam no contexto de trabalho mostram estarem enfrentando algumas ambivalências. Em tais circunstâncias, os indivíduos, de um lado, são dirigidos pelas suas fantasias pessoais e, de outro, se veem compelidos a atenderem solicitações que muito frequentemente julgam perversas para seu equilíbrio e conforto pessoal.

Caruso, D. R. e Salovey, P. (2007, p. 47) apontam a necessidade de "usar nossas motivações com inteligência". Isso requer um trabalho sério e consciente, o que vai permitir "alicerçar o pensamento criativo" uma vez que ele faz com que as "pessoas vejam as coisas sob diferentes pontos de vista" através de "novas maneiras de enxergar o mundo". Para os autores, "a integração de estímulos racionais e emocionais é a chave para a liderança bem-sucedida" (p. 3). Cada um deve estar atento àquilo que de produtivo possui para poder embalar a sua criatividade em seus braços – para não adoecer psicologicamente, abrindo as portas rumo ao estresse.

> *A maneira como cada pessoa reage diante de um bom número de situações facilita acompanhar o livre curso das motivações inconscientes.*

A doença motivacional

Kets de Vries, M. F. R., Carlock, R. S. e Florent-Treacy, E. (2009, p. 33) afirmam acreditar "que os seres humanos estão sujeitos a muitos processos enganosos, pouco conscientes", e assim acreditam que eles "afetam o modo como tomam suas decisões, o que não passa de uma obviedade". Embora não se admita isso de forma pública, algumas investigações dentro da psicologia clínica "revelam muitos problemas presentes" em qualquer tipo de organização e "costumam involuntariamente extravasar seus mais profundos conflitos, desejos e fantasias na grande arena" em que todos vivem. Os autores citam Freud quando admitem que a pessoa é dotada de desejos e fantasias que geram ansiedade. O que pode determinar defesas que "variam de relativamente normais a disfuncionais", não sabendo como resolver os impasses que a vida lhe apresenta.

Maslow, A. (2000, p. 53-54) reconhece que a grande maioria das teorias que procuram apresentar seus enfoques sobre a motivação é unânime em considerar "necessidades, impulsos e estados motivacionais, em geral como inoportunos, irritantes, indesejáveis, desagradáveis, como algo de que qualquer pessoa pretende livrar-se". Com a busca de ajustamento, feita pela própria pessoa, torna-se possível atingir o conhecimento das suas potencialidades e competências para usá-las produtivamente.

Capítulo 6

As críticas que as pessoas fazem a si mesmas nem sempre são as mais otimistas, e isso é suficiente para criar nelas um clima de maior desconforto pessoal. Bruce, J., Shatté, A. e Perlman, A. (2015, p. 142) lamentam que "não levamos nossas emoções positivas tão a sério quanto as negativas" – o que representa um enfoque mais pessimista com relação a cada um de nós. Mais adiante, explicam os autores: "somos programados para vasculhar e captar o negativo e deixar passar o positivo", o que desgasta os recursos pessoais. É necessário "estabelecer um equilíbrio entre trabalho e vida pessoal". É necessário ao mesmo tempo encontrar "uma maneira mais suave de lidar com as exigências da vida" (p. 172). Ao desgastar os recursos pessoais produtivos, cada um fica mais vulnerável aos desafios, sendo assim um candidato ao futuro desajustamento.

Os comportamentos irracionais, no geral, têm origem em algum tipo de problemática inconsciente. Não sendo originados por acontecimentos presentes, acabam por manifestar-se inesperadamente, determinando distorções de conduta que dificultam a convivência pessoal. Esse episódio torna o ambiente de trabalho penoso, pois a interação pessoal não flui com tranquilidade. A estrutura da organização, bem como suas normas e práticas de gestão, leva a dificuldades de ajustamento interior. Kets de Vries, M. F. R. (1997, p. 80) acredita na "configuração de uma organização que reflita, aproximadamente, a estrutura psicodinâmica interior de seus dirigentes". É indispensável que se faça o diagnóstico das características da *psicoestrutura* organizacional, o que significa a caracterização do estilo motivacional dos seus dirigentes.

> *Kets de Vries acredita na configuração de uma organização que reflita, aproximadamente, a estrutura psicodinâmica interior de seus dirigentes.*

Pessoas normais se sentem mais à vontade com aquelas que possuem estilo comportamental semelhante. Aquelas que possuem desvio da normalidade acabam por cercar-se das que também têm desvios daqueles que atendem às suas necessidades patológicas. Assim, a cúpula patológica procura cercar-se de executivos com desvios semelhantes ou complementares aos seus. A identidade ou complementaridade formará uma psicoestrutura na qual esse desvio da normalidade predominará. Para Kets de Vries, M. F. R. e Miller, D. (1985, p. 18), esse grupo se caracteriza por ser instável: "o clima adverso criado pelos dirigentes máximos das empresas pode levá-las ao caminho do desastre", que só será percebido tarde demais ou quando a patologia organizacional já tiver se instalado.

Certos modismos, como os da qualidade total e da reengenharia, que de início chamaram a atenção de executivos e administradores, com o passar do tempo mostraram não cumprir a eficácia prometida. Esses modismos não se preocuparam em considerar as características humanas de ordem mais profunda. Um dos seus inúmeros pontos cegos reside na falta absoluta de sensibilidade para com os aspectos pouco comuns da vida das empresas. Seus dirigentes relutam em admitir que sua empresa esteja doente e possa perder coragem de efetuar os reparos indispensáveis.

Uma das melhores fontes de confirmação para diagnóstico daquilo que está ocorrendo são as informações de pessoas. Conforme Bruce, J., Shatté, A. e Perlman, A. (2015, p. 127), "uma das maiores causas da exaustão é ter, na vida, mais acontecimentos ruins do que bons". Como as pessoas se ligam mais aos ruins, é fácil se exaurir. O sintoma neste caso é queixar-se que os "dias são repletos de nada além de problemas no trabalho, falta de tempo, dores de cabeça e tarefas difíceis". Para os autores, a melhor arma contra o estresse é a "conexão com o trabalho e a satisfação das pessoas com ele", facilitando a criação de "uma resiliência que muda sua maneira de enxergar situações estressantes". O trabalho exige "talento, energia e foco", mas não pode "sacrificar seu equilíbrio no processo". Ele precisa ser considerado como algo bom para a pessoa.

Esse é um momento que exige mudança. Como diz Carmelo , E. (2008, p. 25), é necessário "ter coragem para observar o lado positivo da mudança"; o medo e a tensão não conseguem chegar à "coerência entre o que se deseja ser (futuro) e o que se é realmente (presente)". Essa clarividência representa uma

> *Para Bruce, Shatté e Perlman, a melhor arma contra o estresse é a conexão com o trabalho e a satisfação com ele.*

postura positiva e, portanto não há por que temer a mudança necessária.

Não se trata de um esforço sobre-humano, mas simplesmente chegar àquilo que o autor chama de "ponto de alavancagem", que significa "a forma pela qual a transição possa ocorrer de maneira fluida, competente e significativa" (p. 33). Deixando claros esses dois aspectos, findo o momento de mudança, as pessoas agradecerão ter passado por ele.

É preciso cuidado ao lidar com qualquer mudança, em especial quando ela possa afetar a segurança das pessoas. Emerson, T. e Stewart, M. (2015, p. 57) aconselham que quando "decidimos mudar, devemos examinar a estrutura da organização para ter certeza de que ela facilita o desenvolvimento dos hábitos que desejamos". Caso isso não exista, qualquer reformulação para melhor irá por água abaixo.

O peso do trabalho

Existem momentos nos quais o tipo e a intensidade das solicitações são muito desgastantes, fazendo com que a pessoa se feche em si mesma como uma forma de defesa, mas isso pode impedir que suas necessidades latentes consigam expressar-se. Essa é, por natureza, uma situação conhecida como conflito. Os conflitos, se não resolvidos de forma saudável, poderão custar caro no futuro. Como dizem Cloke, K. e Goldsmith, J. (2005, p. XXVIII), "eles podem ser destrutivos, não somente do

Capítulo 6

ponto de vista interpessoal, mas também organizacional". Quando esses conflitos são detectados, não se deve pensar no quanto vão custar para serem resolvidos, mas "o que custará não resolvê-los". É necessário ver a situação com clareza e agir o quanto antes.

> *Os conflitos, se não resolvidos de forma saudável, poderão custar caro no futuro.*

O conflito em si não deve ser considerado algo ruim, todavia, a pressão que ele ocasiona precisa ser resolvida a tempo, para que não perdure o suficiente para debilitar o potencial de pontos fortes que cada um tem. Caso não se consiga resolvê-lo, decresce a capacidade de reagir, a autoestima decai, deixando o indivíduo preso a um impasse angustiante. Para não cair no quadro de angústia, o comportamento motivacional é ativado, visando redução de tensões intrapsíquicas que se caracterizam como uma possível situação estressora.

Garcia, L. F. (2012, p. 12) relata suas experiências com mais de 1.100 empresários no sentido de facilitar o autoconhecimento e a troca de experiência entre eles. O autor aponta "a pressão imensa vinda de todos os lados e de todas as pessoas". Além disso, fala das "cobranças, conflitos e dificuldades que despencam sobre a sua mesa". Esses incidentes "roubam o sono e a tranquilidade, não apenas dentro da empresa, mas também fora" dela. O relato mostra que a vida dentro das empresas nem sempre é um mar de rosas e por isso é necessário estar sempre preparado.

São inúmeras as situações organizacionais que podem gerar conflito. Uma delas é atribuir a alguém uma atividade sem sentido, impedindo assim a autorrealização. Em nome da falta de tempo e sobrecarga de trabalho, as pessoas foram sendo alocadas em vários cargos em função das urgências organizacionais e não foram levadas em conta expectativas motivacionais nem as competências dos ocupantes. Como lembra Minarik (1987, p. 24), a "individualização dos postos de trabalho, baseada na utilização das aptidões de cada um é uma fase difícil no processo de desbloqueio da motivação". Essa individualização substitui o princípio da especialização pela "adaptação dos cargos às aptidões pessoais". Reconhecendo que aqueles que trabalham não estão motivados, é indispensável readaptar aquilo que fazem

> *Segundo Minarik, a individualização dos postos de trabalho, baseada na utilização das aptidões de cada um, é uma fase difícil no processo de desbloqueio da motivação.*

às expectativas da motivação dessas pessoas. Esse tipo de estratégia provoca uma verdadeira reviravolta interna nas organizações tradicionalmente geridas de acordo com rígidos sistemas, que podem temporariamente levar a um ambiente de desconforto.

Vieira, P. (2017, p. 54) propõe medidas que podem facilitar uma atitude chamada por ele de "autorresponsabilidade", que em si é fator que promove a realização de um ambiente mais produtivo na busca do ajustamento. São seis leis assim caracterizadas:

"1. Se for criticar (as pessoas)... cale-se.
2. Se for reclamar (das circunstâncias)... dê sugestões.
3. Se for buscar culpados... busque a solução.
4. Se for fazer-se de vítima... faça-se de vencedor.
5. Se for justificar seus erros... aprenda com eles.
6. Se for julgar alguém... julgue a atitude da pessoa."

Nesse caso, cada um conseguirá ser autorresponsável em lugar de desempenhar o papel de vítima, o que fabrica uma situação improdutiva de "inferioridade e sofrimento", desmerecendo seus pontos fortes.

Deci, E. L. (1998, p. 38) acredita que a autonomia seja a pedra angular do ajustamento e propõe que "as pessoas precisam sentir que o seu comportamento é verdadeiramente escolhido por elas, e não imposto por alguma força externa". Isso significa agir por vontade própria, ter flexibilidade nas escolhas e principalmente liberdade pessoal. Deci, E. L. (1998, p. 132) diz que "ser controlado significa que você é pressionado a se comportar, pensar ou sentir de determinada maneira". Permanecer por muito tempo com a autonomia coartada representa um momento difícil de ser vivido durante o número de horas diárias. Nesse ambiente, o peso do trabalho esmaga qualquer motivação intrínseca que ele possa oferecer.

Na vigência desse estado discrepante, as pessoas experimentam um sentimento interior cuja tônica característica é aquela conhecida por *ansiedade*. A passagem do estado de carência para o estado de satisfação representa um momento crucial na busca de ajustamento. Chegando a um estado de maior conforto, é possível que se precipite nova situação de carência, ocorrendo, assim, novo desencadeamento de ações improdutivas, cujos resultados podem ocasionar ainda mais desgaste pessoal e, inevitavelmente, ansiedades ainda mais difíceis de serem resolvidas. Deter esse desenrolar de situações desconfortáveis é a única saída para não esquecê-las.

Betz, R., em seu livro que tem como título É melhor ser feliz do que ser normal (2014, p. 58), diz que atualmente "grande parte da população masculina se sente profundamente exausta por seguir esse caminho de pressão de esforço e falta de confiança em si mesma". Tais pessoas "nunca aprenderam a abrir o coração e desabafar com alguém". Por isso, muitos deles "estão entrando em desespero". Os dados estatísticos mostram que o número de suicídios

> *A passagem do estado de carência para o estado de satisfação representa um momento crucial na busca de ajustamento.*

Capítulo 6

entre os homens é mais alto do que entre as mulheres. Com o decorrer do tempo, as crises do "homem normal" se tornam bastante óbvias e estão rapidamente piorando a cada dia. Não há o que fazer. O autor acrescenta (p. 99): "as pessoas normais apenas imitam de forma inconsciente aquilo que as outras fazem, o que as faz destruírem a si mesmas", de maneira cruel.

Betz (p. 108) diz que "homens e mulheres sofrem por não terem o dinamismo, a força, a vontade, a coragem e a disciplina necessários para tornar realidade seus sonhos e suas ideias". É preciso antes de tudo amar a si mesmo e assumir as rédeas da própria vida. Enriquece sua proposta afirmando a importância de sentir "alegria do propósito da nossa existência. Tudo deve ser um ato de alegria" (p. 76). Para conseguir essa felicidade da alegria e conscientemente saber "que só será forte se parar de esconder a sua fraqueza e vulnerabilidade por vergonha, se abrir seu coração a sentimentos", cada um deverá dar a si mesmo "prioridade absoluta", ao contrário talvez daquilo a que lhe foi ensinado durante a vida toda.

O ponto de equilíbrio quando se visa o ajustamento está em atingir aquilo que Lapierre, L. (1990, p. 137) propõe como sentimento de potência relativa, no qual criar, construir, conduzir ou gerar, modificar-se a si mesmo ou modificar o mundo, permanecendo com os pés na terra, são abordagens costumeiras da realidade sadia de vida. Essa predisposição nasce da confiança que cada um mantém a respeito de si mesmo. Cada um continuará exibindo o desejo de assumir riscos, estando disposto a aprender com os próprios fracassos e enfrentar aquelas dificuldades próprias do caminho que leva finalmente ao bem-estar do ajustamento. "O sentimento de potência relativa irá se traduzir por uma confiança baseada no sentimento de liberdade e de responsabilidade." A autoestima de cada um atinge esse ponto de equilíbrio desejado.

> *O sentimento de potência relativa irá se traduzir por uma confiança baseada no sentimento de liberdade e de responsabilidade.*

McGregor, D. (1980, p. 48) alerta que quando alguém não se sente atendido em suas necessidades pessoais no trabalho, haverá "indolência, passividade, má-vontade em aceitar responsabilidade, resistência a mudança [...], bem como, tendência a fazer exigências exageradas de benefícios econômicos", na medida em que as pessoas sintam-se "privadas de oportunidades para satisfazerem, no trabalho, aquelas necessidades que lhes são importantes". Para McGregor, ao agirem assim, as organizações acabam presas "nos laços que elas mesmas amarraram". Concluindo seu pensamento (1980, p. 60), afirma ser a autoridade "um meio impróprio para obter compromissos com os objetivos" que se pretende fazer com que as pessoas almejem. É impossível colocar qualquer tipo de necessidade no interior de quem quer que seja.

Hamel, G. e Breen, B. (2008, p. 125) acreditam que em momentos difíceis de sobrevivência organizacional é necessário "uma crise para provocar mudanças profundas", mas indispensáveis. É necessário também "um líder forte para impulsionar as mudanças". Mas, sobretudo, essas só podem ser produtivas se "começarem do topo". Aí o trabalho deixa de ser considerado como um peso ingrato. Os autores acreditam na necessidade de reformular os paradigmas considerados como "uma visão de mundo, uma crença ampla e firmemente estabelecida", tendo em vista "quais os tipos de problemas vale a pena solucionar ou não são solucionáveis". Não se pode ficar preso a paradigmas que não funcionam mais, caso se queira evitar que a doença motivacional se instaure de maneira incurável.

Obrigação da empresa

As empresas têm percebido que elas mesmas, mais do que seus empregados, são negativamente atingidas pela falta de motivação. Como afirma Michel, S. (1994, p. 93), "a motivação não é uma necessidade absoluta" do trabalhador. A motivação e o trabalho estão necessariamente ligados e a ausência dessa ligação não é "forçosamente grave para o indivíduo". Ele pode estar trabalhando sem estar motivado. Em realidade, a "empresa é a mais ameaçada pela ausência de motivação no trabalho". Ela tem metas quantitativas e qualitativas de produtividade que são prejudicadas por seus empregados desmotivados. A verdadeira motivação é representada pelo desejo natural das pessoas que se engajam nas atividades de trabalho por amor a ele mesmo.

Para Frankl, V. E. (2015, p. 36), como foi visto no Capítulo 3, a "motivação é considerada como um estado de tensão que nos leva a buscar equilíbrio" – por isso a organização precisa ajudar, uma

> *A empresa é a mais ameaçada pela ausência de motivação no trabalho.*

vez que garanta o sossego, a acomodação e a homeostase. Cada um precisa ser capaz de trabalhar a favor da própria personalidade, que não é nada mais do que o "modo de diminuir as tensões". Como ninguém consegue fazê-lo por conta própria, o ambiente organizacional precisa "ajudá-lo a conquistar a capacidade de suportar o próprio sofrimento" (p. 73) para chegar àquilo que pretende e não trabalhar contra.

Levy-Leboyer, C. (1994, p. 50) propõe que as pessoas podem servir-se do trabalho, uma vez que ele atende a necessidades econômicas, no sentido de se adquirir o necessário para sobrevivência. Além disso, ele atende também às necessidades sociais de se pertencer a um grupo e buscar interação social da qual precisam. Trabalhar, produzir, contribuir para o progresso, ao fazer uma obra útil representa uma afirmação da própria liberdade e identidade. O trabalho situa o indivíduo na sociedade, tornando-se assim um referencial de autovalorização.

Capítulo 6

> *Motivação é considerada como um estado de tensão que nos leva a buscar equilíbrio.*

Quando o trabalho se transforma em uma atividade secundária ou representa fonte de mal-estar, uma parte do esqueleto social é fragmentada, e a dinâmica tradicional do desenvolvimento da personalidade é colocada em dúvida. Em situação de trabalho, as pessoas querem ser respeitadas como indivíduos, bem como valorizadas pelo reconhecimento da própria competência, da sua lealdade e dedicação. Se isso não acontece, elas continuarão trabalhando, porque precisam do dinheiro que o trabalho lhes traz. A autora enfatiza que se tenha "consciência de que a obrigação de trabalhar não é nem instintiva nem inata". Esse é o desafio ao qual é indispensável responder.

Não conseguindo atender às necessidades intrínsecas de forma adequada, elas continuam aumentando ininterruptamente a tensão interior. Elas não desaparecerão, e cada vez o ajustamento pessoal se torna mais distante. O passo seguinte é um estado conhecido como "desajustado" e que já pode ser considerado como uma forma de desorganização pessoal. Se antes do estado de desajustamento neurótico a pessoa propunha-se a atingir objetivos produtivos, a partir desse momento ela opta por objetivos que não levam a nada, e se transformam em algo até prejudicial.

No momento em que a tecnologia avançada passou a ser utilizada pelas organizações depois da globalização, foi necessário contar com especialistas altamente competentes e de grande potencial criativo, para não perder terreno no diferencial competitivo. A mão de obra com elevada capacidade se sente improdutiva quando aquilo que faz seja somente seguir ordens. Se os profissionais são mais criativos, é necessário acompanhá-los mais de perto para evitar que haja desperdício de competência.

> *Se os profissionais são mais criativos, é necessário acompanhá-los mais de perto para evitar que haja desperdício de competência.*

Tendo como principal objetivo explorar o aspecto da concepção desintegrada do homem, Sievers, B. (1990, p. 109) escreveu no seu artigo "Além do sucedâneo da motivação" que a fragmentação do ser humano chega a tal ponto que ele perde a noção da sua perspectiva de vida. Para o autor, "a motivação só passou a ser um tópico – tanto para as teorias organizacionais quanto para a organização de trabalho em si – quando o sentido do trabalho desapareceu ou foi perdido". Sievers acusa a "crescente fragmentação e divisão da forma pela qual o trabalho foi e continua sendo organizado". O autor conclui que "as teorias motivacionais têm se transformado em sucedâneos na busca do sentido do trabalho". A noção da inteireza do ser humano perdeu o significado. Muitas das teorias de administração, em lugar de serem conclusivas, ocasionaram verdadeiro caos no centro do pensamento organizacional.

Pink, D. H. (2010) cita Teresa Amabile, professora de Harvard, transcrevendo uma frase dela: "O desejo de fazer algo por considerá-lo profundamente realizador e pessoalmente desafiante" será capaz de inspirar "os níveis mais elevados de criatividade, seja nas artes, nas ciências ou nos negócios". Essas são as características das pessoas bem-dotadas tipicamente.

> *O desejo de fazer algo por considerá-lo profundamente realizador e pessoalmente desafiante será capaz de inspirar os níveis mais elevados de criatividade.*

Percebe-se que certo grau de ansiedade dinamiza o progresso pessoal na luta contra frustrações. Todavia, esses acontecimentos repercutem nas estruturas biológicas, tais como o sistema nervoso central e o organismo como um todo, sendo possível observar reações de luta ou fuga na presença dos estressores. Quando o ser humano se defronta com situações ameaçadoras, a pressão arterial e a frequência cardíaca elevam-se. Essa reação ocorre para que seja possível chegar mais nutrientes e oxigênio aos tecidos aumentando também a glicose sanguínea, a vasoconstrição da pele e vísceras, onde passa a ocorrer diminuição do fluxo sanguíneo, atingindo, por sua vez, os músculos, havendo dilatação da pupila, fechamento dos esfíncteres e tensão muscular.

Nesse clima, o homem foi se deixando desmotivar, perdendo o seu próprio significado diante da sua vida de trabalho e, por conseguinte, diante de si mesmo e de sua vida pessoal. Neste caso, são acentuadas as agudas crises de desmotivação. Não tardou para que se admitisse como normal o fato de que não é preciso estar motivado para levar uma vida de trabalho. O trabalho acontece necessariamente na vida de cada um, portanto é melhor tirar dele o que de melhor ele tenha.

Algumas obras da atualidade apontam para certos perigos que, se não forem adequadamente neutralizados por um líder sensível, poderão fazê-lo ter problemas desnecessários. Para Martins, S. R. (2009, p. 28), a "vigência das exigências permanentes de mercado, ameaça da exclusão, do desemprego primário e crônico, sinalizam a dimensão social e individual mais evidente do sofrimento no trabalho". A autora fala do "clima de ameaça de desemprego", bem como das "práticas do enxugamento da máquina produtiva" que podem intensificar o processo de "precarização do trabalho". Isso leva a pensar no "confronto do sujeito com sua história singular preexistente, com a situação de trabalho cujas características foram fixadas à revelia da sua vontade". Essas são as situações que solicitam um empenho pessoal na busca da adaptação.

> *O trabalho, para cada um, reveste-se da importância de ser fonte de equilíbrio individual.*

Capítulo 6

Falta de motivação

O trabalho começa a fazer parte integrante da vida das pessoas quando representa fonte e oportunidade quase exclusiva com a qual cada um conta para atender não somente às expectativas mais concretas, como também aquelas menos palpáveis, que são seus anseios e expectativas pessoais. O trabalho, para cada um, reveste-se da importância de ser fonte de equilíbrio individual. As experiências que ele traz exemplificam a centralidade que ocupam os determinantes dos diferentes níveis de bem-estar físico e emocional.

Situações difíceis que podem precipitar estados ansiosos, habitualmente classificadas como propícias ao desgaste pessoal, não devem ser qualificadas como nocivas. Não é possível evitá-las. Elas representam o recurso do qual as pessoas necessitam para amadurecer. Acontecimentos marcantes, tais como a separação ou a perda de um ente querido, enfrentar um mercado de trabalho adverso, ser demitido, a tecnologia altamente sofisticada, choque cultural, doença grave são aquilo que se conhece como agentes estressores que podem comprometer a força do impulso motivacional.

Cury, A. (2014, p. 83), em sua posição de psiquiatra e psicoterapeuta, propõe sem rodeios que quando alguém possui "um eu saudável e inteligente, com as funções vitais bem desenvolvidas, terá substancial consciência de si", bem como "da complexidade do psiquismo". Como resultado, "jamais se interiorizará ou se colocará acima dos outros", o que lhe traz tranquilidade e segurança pessoal. "O eu saudável e inteligente enxerga que todos os seres humanos são igualmente complexos", o que lhe dá a sabedoria de qual a melhor forma de interagir com eles de forma produtiva.

Um dos importantes conceitos amplamente explorados pelo estudo do comportamento é o da vida interior no trabalho. Amabile, T. M. e Kramer, S. J. (2007, p. 42-53) consideram esse aspecto como a interação de três elementos, que são as percepções, as emoções e a motivação. Os autores afirmam que o desempenho "está ligado à vida interior no trabalho". Esse desempenho é melhor quando aquilo que a pessoa "vive no dia de trabalho inclui mais emoções positivas, motivação intrínseca mais forte e percepções mais favoráveis da ocupação". Acrescentam que "produtividade, compromisso e coleguismo também subiam quando havia uma percepção positiva do contexto de trabalho", configurando-se como um mediador insubstituível na estabilidade e na ampliação da identidade dos sujeitos.

> *Amabile e Kramer constataram que produtividade, compromisso e coleguismo também subiam quando havia uma percepção positiva do contexto de trabalho.*

Cada um consegue resultados positivos quando vence a luta consigo mesmo – como diz Schutz, H. (1994, p. 10), "na medida em que aumenta a minha autopercepção, cresce meu controle sobre mim mesmo". Acrescenta que, ao ser "ignorante sobre si mesmo, não permito saber como harmonizar-me com as leis da natureza". Schutz não deixa de apontar que, ao desvendar o meu próprio poder, "começo a dizer a verdade. A verdade me liberta. A verdade faz-me compreender como conduzir minha própria vida". Chegar ao ajustamento representa a necessidade consciente de se ter um significativo autoconhecimento.

Servindo-se das informações, vivências e experiências, as pessoas vão formando opiniões próprias, que se refletem nas suas atitudes futuras produtivas ou não. A principal função da atitude é desenvolver a capacidade de luta, predispondo-o a lidar de maneira coerente e satisfatória. Nesse percurso, é natural que se procure proteção contra as ameaças de destruição da autoimagem. A proteção é representada pelas defesas normalmente utilizadas, como se fossem escudos protetores da camada mais superficial da personalidade, aquela que está em contato com o meio ambiente. Em linguagem mais apropriada, são chamados *mecanismos de defesa do ego*. Ninguém necessita mostrar-se como verdadeiramente é a quem não interessa fazê-lo.

Se uma empresa permite aos seus empregados flexibilidade sobre como, quando e onde realizar seu trabalho, eles continuam trabalhando para fazer jus às suas expectativas e obrigações pessoais ao mesmo tempo em que cumprem seus compromissos profissionais.

Situações conflitivas podem ser consideradas como um sinal vermelho que prenuncia perigo próximo. No jargão utilizado pelas ciências comportamentais, esse estado é chamado de *reação de alarme*, que prepara o organismo para lutar ou fugir. Em tais circunstâncias, a autonomia individual e organizacional é restringida. É necessário estar atento a tudo que se passa com cada um e com o meio circundante para não perder a motivação.

Motivação para liderar

> *É necessário estar atento a tudo que se passa com cada um e com o meio circundante para não perder a motivação.*

Durante muitos anos, a maioria das organizações usou critérios contraproducentes para escolher seus líderes. Valorizaram-se alguns tipos de competências para escolher seus líderes, que nada tinham a ver com a eficácia no desempenho do papel de liderança, pessoas com mais tempo de casa, pessoas que conheciam bem seu trabalho, funcionários com salários altos, indivíduos que há muito tempo não tinham sido promovidos e outros chegaram a ser guindados a postos que requeriam competência em liderança. Isso teve sérios impactos negativos na qualidade do moral e do bem-estar motivacional em quase todos os níveis hierárquicos dessas organizações. Ser competente como

Capítulo 6

líder nada tem a ver com o tempo de casa nem com o tanto de remuneração que se recebe ou a que se faz jus.

Kellerman, B. (2013, p. 158) comenta que até hoje pouco se sabe como avaliar a efetividade dos programas de preparação de líderes, apesar das "grandes somas investidas na indústria da liderança". Gastou-se muito dinheiro e tempo ensinando e aprendendo liderança. A maioria dos "programas de desenvolvimento de liderança" não evoluiu, por se ter usado um recurso subjetivo que é "a satisfação ou não dos participantes da experiência". Esqueceu-se dos resultados na prática do trabalho. Nesse sentido, "talvez os participantes mais satisfeitos tenham sido aqueles que mudaram o mínimo" e continuam sem saber como mudar sua forma ultrapassada de chefiar as pessoas. O líder direto, em especial, tem o poder de influir na motivação para o trabalho de alguém, no sentido positivo ou negativo. O maior ou menor nível de motivação, além de estar ligado ao indivíduo e ao seu trabalho, está também na dependência da competência e sensibilidade do gestor direto, que representa a empresa.

> *O maior ou menor nível de motivação, além de estar ligado ao indivíduo e ao seu trabalho, está também na dependência da competência e sensibilidade do gestor direto, que representa a empresa.*

A habilidade interpessoal é a competência que permite a troca entre as pessoas, sejam informações, predisposições ou emoções. Nenhum subordinado abrirá ao seu superior o mapa das suas expectativas motivacionais, se não sentir confiança nesse tipo de comunicação. Na medida em que essa prática seja habitual, o encontro entre líder e seguidor, para uma avaliação daquilo que está ocorrendo e para o planejamento de futuras medidas, não se torna tão temido.

Um simples levantamento feito em algumas empresas brasileiras permitiu estimar que só 1% dos líderes havia feito uma entrevista com seus subordinados após terem completado a avaliação do desempenho deles. Outra ocorrência que causou espanto foi que alguns avaliadores voltavam a completar suas avaliações depois que haviam preenchido a ficha de avaliação junto com o avaliado. Isso pode ocorrer especialmente com relação aos aspectos negativos do avaliado sem o conhecimento dele. O avaliador sente-se pouco à vontade em comentá-los com o avaliado.

Jackman, J. M. e Strober, M. H. (2003, p. 79-84) analisam o medo que sentem do *feedback* tanto para o líder como para o seguidor, que leva ao impasse no qual cada um procura falar o mínimo possível sobre o assunto. "Em vez de buscar *feedback*, as pessoas fogem da verdade, e continuam tentando adivinhar o que o chefe pensa." Isso pode até ser considerado como normal, uma vez que a maioria das pessoas "odeia ser criticada". O artigo propõe que o medo de críticas está ligado, em alguns casos, a experiências passadas nas quais o *feedback* havia sido mencionado com "comentários críticos, ouvidos na tenra idade, dos pais e professores". É necessário também preparar aquele que recebe o *feedback* para não levá-lo a "comportamentos destrutivos, mal adaptados e que afetam adversamente" o desempenho do trabalho, minando a saúde do convívio pessoal entre avaliador e avaliado.

Jackman e Strober esclarecem seu ponto de vista afirmando que a "organização lucra quando seus executivos buscam *feedback* e são capazes de lidar com críticas". Isso faz com que descubram como anda seu desempenho em relação às prioridades da organização. O hábito de pedir *feedback* transforma o ambiente, tornando-o mais aberto e honesto, o que favorece a motivação e o envolvimento de cada um no ambiente organizacional.

Deci, E. L. (1998, p. 147), especialista de destaque em motivação intrínseca, é absolutamente favorável à utilização da avaliação de desempenho e posterior entrevista do avaliador com o seu avaliado. O autor defende a necessidade do uso criterioso desse procedimento, afirmando que, nesse caso, é "sempre feita de acordo com algum padrão implícito ou explícito". Servindo-se desse padrão como referencial, "as pessoas desempenham-se bem ou mal somente em relação às expectativas fixadas sobre como podem ser capazes de agir, nesse tempo e lugar". Para Deci, a autonomia vem de um processo no qual o avaliado participa do estabelecimento de objetivos. No caso da Avaliação de Desempenho, quando "os objetivos forem bem estabelecidos, eles podem representar um padrão com o qual o desempenho é avaliado". O autor afirma que o mais importante "é que as pessoas que participaram do estabelecimento dos seus objetivos no decorrer da vida de trabalho também podem participar da avaliação do seu próprio desempenho". Esse é um momento precioso para líderes e avaliados evoluírem pessoal e profissionalmente.

> *Jackman e Strober afirmam que a organização lucra quando seus executivos buscam feedback e são capazes de lidar com críticas.*

Motivação normal

Restabelecer o equilíbrio perdido representa luta constante daqueles que se veem ameaçados. Goleman, D. (1996, p. 48) considera que "as pessoas com maturidade emocional bem desenvolvida têm probabilidade de sentirem-se satisfeitas e serem eficientes em suas vidas". Elas "dominam os hábitos mentais que fomentam sua produtividade". Não conseguir esse controle sobre sua vida emocional as leva a travar "batalhas internas que sabotam sua capacidade de se concentrar no trabalho e pensar com clareza". Cada um precisa estar permanentemente reorganizando suas defesas pessoais, sejam elas conscientes e racionais ou inconscientes e altamente emocionalizadas. De acordo com Goleman, D. (p. 20), "as emoções são, em essência, impulsos para agir". A origem do termo aponta que "a palavra emoção quer dizer *emovere*, 'mover' em latim, o prefixo para denotar 'afastar-se' mais".

Capítulo 6

As pessoas estão habitualmente predispostas a investir esforço e energia pessoal, a fim de não se deixarem destruir. Essa predisposição tem muito a ver com a busca de desenvolvimento das próprias competências potenciais. Sucumbir nessa busca é o mesmo que abrir mão da identidade pessoal. Como propõe Fromm, E. A. (1978, p. 5), as pessoas só podem sentir-se seguras e se autoafirmarem à medida que tenham oportunidade de reafirmar também suas competências humanas que configuram sua individualidade. Para ele, "o dever de estar vivo é, ao mesmo tempo, o dever de transformar-se em si próprio, isto é, de transformar-se no indivíduo que ele é em potencial". Portanto, estar motivado é uma característica normal do ser humano. A ausência de motivação dele é preocupante.

Uma conversa clara e honesta sobre a motivação de uma pessoa pode ajudá-la a entender a si mesma e oferecer-lhe recursos que vão ao encontro do seu desejo de ser reconhecido e apreciado. Muitas vezes, escapa da percepção o porquê de suas atitudes não agradarem aos demais. Mesmo munido da melhor das intenções, esse pode não ser o desejado pela pessoa.

Manfred Kets de Vries, do INSEAD, França, trabalha junto a executivos de cúpula, caracterizando a patologia das empresas que dirigem. Ele diz ter notado que esses desvios comportamentais surgem nas empresas em vias de desaparecimento. Para o autor, quando o ambiente organizacional não oferece fatores de satisfação, algo de anormal está acontecendo. Seus reflexos são tão fortes que, na maioria dos casos, essas organizações chamadas de doentes acabam por desaparecer. O uso dos pontos fortes de que cada um dispõe representam uma estratégia indispensável diante das ameaças que fazem parte do ambiente.

> *Para Kets de Vries, quando o ambiente organizacional não oferece fatores de satisfação, algo de anormal está acontecendo.*

Quando a disfunção administrativa existe dentro do quadro de dirigentes da organização, ela reflete-se em todos os demais níveis hierárquicos inferiores. Kets de Vries, M. F. R. e Miller, D. (1985, p. 12) acusam esse tipo de contaminação patológica do ambiente organizacional, propondo que pode existir "certo paralelismo entre a patologia do indivíduo e a patologia da organização". Essas desorganizações têm sua origem na disfunção psíquica e na falta de ajustamento psicológico, que é subjacente ao mundo interior, do quadro de dirigentes da empresa. Para os autores, essa patologia marca de maneira indelével "a estratégia, a estrutura, o clima e o estado de espírito da organização". As patologias organizacionais levam os mesmos nomes das patologias individuais: "paranoica", na qual o clima é de suspeita e desconfiança; "compulsiva", que se caracteriza pelo perfeccionismo e preocupação com detalhes insignificantes; "teatral" na qual há excesso de expressões emocionais e otimismo exagerado e sem razão; "depressiva" com sentimentos de mediocridade e incapacidade de mudança; "esquizoide", que apresenta indiferença, falta de emoções e de entusiasmo e distanciamento afetivo. Analisando o histórico da vida organizacional, é possível reconhecer sintomas comportamentais bem típicos do estado neurótico que domina a psicoestrutura organizacional.

O conhecimento dos próprios recursos pessoais é pré-requisito para o desenvolvimento e a liberação dos pontos fortes que existem no interior de cada um. Nem os processos psicoterápicos são capazes de reverter características fundamentais de comportamento. Nas organizações, programas de treinamento e desenvolvimento também não conseguem mudança comportamental profunda, a menos que o participante desses programas esteja disposto a isso e pessoalmente desejoso em modificar certos aspectos do seu comportamento. A única vantagem de tais programas é transmitir indícios de como desenvolver o potencial que já existe em cada um, prevenindo seu uso excessivo.

Para que o indivíduo seja capaz de atingir o domínio das suas próprias potencialidades e o equilíbrio emocional almejado, é preciso não apenas estar de acordo com isso, mas, sobretudo desejar investir as próprias energias nesse processo. O ambiente não pode apresentar ameaças que gerem tensões acima daquilo que alguém é capaz de suportar. Quando a atitude daqueles com os quais se convive é semelhante à própria atitude, quando todos estão dispostos a empreender a mesma busca, essa procura de reequacionamento pessoal se torna mais fácil. Goleman, D. (1996, p. 103) afirma que "as crenças das pessoas sobre suas aptidões têm um profundo efeito sobre essas aptidões". É imprescindível preservá-las, uma vez que "as pessoas que têm senso de autoeficácia e se refazem dos fracassos; abordam as coisas mais em termos de como lidar com elas". Isso é mais produtivo do que "se preocupar com o que pode dar errado". O autoconhecimento representa o indispensável primeiro passo para tanto, a caminho da própria resiliência.

Ueda, M. (2011, p. 22) defende o cuidado que se deva ter com as próprias competências emocionais, principalmente com o autoconhecimento, que é uma " ferramenta pessoal preparatória para a vida em sociedade", a uma vez que ela se movimenta velozmente em inovações e formas de ser". Cabe a cada um descobrir e programar-se para adotar outra maneira de comportamento "mais acolhedor e receptivo". É aquilo que se conhece como competências emocionais - que se solicitam no autoconhecimento. "O autocontrole é um produto legítimo do autoconhecimento". Esse controle resultará na empatia, que é o cuidado que temos com os outros.

Kilmann, R. H. e Kilmann, I. (1994, p. XII) acreditam que "a crescente dinâmica do mundo atual produz incerteza, ansiedade e medo". Os autores alertam que, "especialmente em tempos turbulentos, as pessoas precisam de um claro senso de direção e significado pessoal, caso estejam arriscando as suas energias e habilidades no sucesso das organizações". Trata-se de estar disposto para criar condições que ajudem as pessoas a darem "sentido à incessante mudança e constante pressão à sua volta". *Autoestima*, *autorrespeito* e *autoconfiança* são alguns dos termos que se

Capítulo 6

> *As pessoas que têm senso de autoeficácia e se refazem dos fracassos abordam as coisas mais em termos de como lidar com elas.*

usa para examinar aquilo que as pessoas procuram conceber a respeito dos próprios recuros pessoais. Esses aspectos têm muito a ver com aquilo que cada um pensa sobre si mesmo, como cada um define o mundo à sua volta. Os programas que visam ao desenvolvimento das pessoas dentro das organizações não devem consistir em iniciativas isoladas, neste caso estarão fadados ao fracasso. É importante que se envolvam todos no mesmo tempo. Cada pessoa que participa desse processo se mostrará abertamente atraída por conhecer os seus resultados. Faz parte do projeto de vida de cada um o aproveitamento das oportunidades nas quais seja possível adquirir maior confiança em si mesmo. Por isso, não se deve obrigar ninguém a percorrer o caminho que restitui a normalidade motivacional caso não esteja pessoalmente interessado em fazê-lo.

É normal que se esteja sempre planejando o delineamento de certo padrão pessoal de conduta e procure desenvolver-se no sentido de atingir uma autoimagem desejável. As solicitações de crescimento e o interesse em se atingir determinada etapa da vida representam o estado *desenvolvimental* desejado pela pessoa. Brower, P. (1964, p. 42) chega mesmo a propor que: "um homem enquanto mestre do seu próprio destino assume a responsabilidade do seu autodesenvolvimento, caso queira crescer". Isso só ocorrerá quando ele mesmo quiser isso, de acordo com as "próprias descobertas sobre si". Recursos tais como livros, cursos, programas de treinamento e desenvolvimento e alguns outros são apenas fontes de sugestão para viabilizar o desejo de autodesenvolvimento interior. Esse fato exige que as pessoas enfrentem, de forma consciente, os desafios, e evitem o perigo que representa o comportamento marcado simplesmente por ensaios e erros.

Cada um luta por manter seu quadro motivacional dentro dos limites da normalidade, como relata Artigas, A. (2017, p. 67) a respeito daquilo que Goleman identifica como as cinco áreas de habilidade: "autoconhecimento emocional, reconhecer um sentimento enquanto ocorre". Fala também do "controle emocional: habilidade de lidar com os próprios sentimentos, adequando-os para a situação". Além disso, aponta a "automotivação: dirigir as emoções a serviço de um objetivo que é essencial". Em quarto lugar, propõe o "reconhecimento das emoções de outras pessoas". E, finalmente, a "habilidade de relacionamentos interpessoais". Essas qualidades são também aplicáveis quando se pretende entender a motivação dentro do seu quadro de normalidade.

> *As solicitações de crescimento e o interesse em se atingir determinada etapa da vida representam o estado desenvolvimental desejado pela pessoa.*

Há organizações que não percebem que a valorização das pessoas não as faz perder terreno. Pelo contrário, conhecer e valorizar as competências de cada uma

130

Os segredos da motivação

delas as tornará mais criativas, competitivas e eficazes. Aqueles que trabalham nessas empresas as percebem de forma mais positiva e compensadora. São organizações que têm lutado contra o crescente senso de alienação, isolamento e desconfiança.

A Revolução Industrial, na qual os indivíduos sentiam-se cada vez mais isolados uns dos outros, determinou uma espécie de difícil anonimato. Nesse ambiente de fracionamento e especialização crescentes, as pessoas já não podiam contar com sentimentos positivos de apoio e estímulo que brotavam das experiências de se sentirem membros participantes de um grupo. Os antigos gregos usavam a palavra *anomos* como adjetivo que significava anarquia. No sentido do termo está implícita a noção de desorganização, desligamento, falta de raízes, desassossego pessoal, alienação ou incerteza, que vem da falta de propósito ou ideal. A *anomia* era consequência do *individualismo egoísta*, para retratar aquilo que se verifica hoje em muitos dos ambientes organizacionais, onde sistematicamente se têm divorciado os objetivos individuais dos organizacionais. Dominar os segredos que fazem parte do tema "motivação" dá a cada um o direito de fazer com que seja possível trabalhar com eficácia, construindo o castelo da felicidade na vida pessoal e profissional.

7
Conclusões

- ✓ Atenção com a vida
- ✓ Finalmente...

A falsa crença segundo a qual, através de um condicionamento adequado, se pode exigir tudo do homem e se pode fazer dele o que se quiser está na base dos muitos pecados mortais que a humanidade comete não só contra a natureza em geral, como também contra a natureza do homem e sua mais profunda humanidade.

(Lorenz, K. 1973)

Capítulo 7

Embora se ouça com frequência que alguém perdeu a motivação, isso não existe. É possível perder as chaves de casa, a carteira com dinheiro, o livro que mais se gosta. Na vida perdem-se coisas, mas nunca se perde um sentimento. Isso é impossível, porque ele está dentro da própria pessoa sob a responsabilidade dela. Como qualquer sentimento, a motivação existe e não há nada a fazer com ela, pois ela existe e só se pode senti-la, pois é soberana, mesmo que seja contra a própria vontade – portanto perdê-la é impossível.

Goleman (1996, p. 19) propõe que, "quando existe alta motivação, as pessoas permanecem otimistas mesmo quando os indicadores estão contra elas". Para explicar melhor sua proposta, acrescenta: "o autocontrole se combina com a motivação para superar a frustração e depressão que advêm de um revés ou fracasso". Sendo um estado interior, a motivação não pode ser perdida e cada um precisa agir reorganizando sua vida pessoal e de trabalho de tal forma que possa fazer sentido o uso do próprio potencial dos recursos pessoais. Como diz Vieira, P. (2017, p. 39), "você é o único responsável pela vida que tem levado", o que quer dizer "foi você que levou a sua vida ao ponto em que está hoje". É por isso que, só a própria pessoa poderá intervir nesse processo e mudar algo nele.

Nada há de mais desmotivador do que tentar motivar alguém. Mesmo assim, muito facilmente algumas pessoas caem na tentação de abraçar a ideia de que a grande responsabilidade daqueles que lidam com as pessoas seja motivar seus seguidores. Os conselhos de leigos sobre o assunto continuam a brotar de todos os lados, e as mais variadas receitas continuam sendo oferecidas. Um grande número de publicações em psicologia caracteriza como verdadeiro milagre conseguir motivar alguém. A motivação representa uma fonte autônoma de energia e não responde a qualquer tipo de controle do mundo exterior. Como dizem Kets de Vries, M. F. R. Carlock, R. S. e Florent-Treacy, E. (2009, p. XI), qualquer que seja a análise que se faça sobre a maneira de agir de cada um, só se entenderá melhor aquilo que se passa na medida em que se explorarem "as motivações conscientes e inconscientes que guiam as ações de cada um dos seus integrantes". Os autores consideram que "motivações e impulsos que modelam o comportamento individual contam parte da história". Trata-se dos "motivos, necessidades, defesas, fantasias, sintomas, medos e ansiedade específicas" que, quando usados moderada e conscientemente, podem até ajudar o autoconhecimento.

A motivação representa um assunto amplo e controvertido. É um dos mais debatidos em qualquer contexto, seja ele de trabalho ou não. Como diz Michel, S. (1989, p. 9), "a motivação é fora de dúvidas, um assunto que está na moda". Considerar que qualquer movimento feito pelo ser humano represente a concretização de suas expectativas motivacionais interiores, não retrata toda a verdade. Com o passar do tempo, foram sendo

> *Motivações e impulsos que modelam o comportamento individual contam parte da história.*

Conclusões

criados mitos a respeito do que fazer para motivar as pessoas. Alguns desses mitos caíram no gosto de administradores e executivos, recomendando àqueles que têm subalternos que é preciso fazer algo para motivá-los.

Não tem sido fácil aceitar que nada se possa fazer para motivar as pessoas ou administrar a motivação de alguém. Em comparação com os avanços das ciências exatas, esperou-se muito das ciências comportamentais, que pudessem oferecer soluções rápidas, práticas e eficazes capazes de suavizar os sentimentos de verdadeira impotência diante da inelutabilidade do fato motivacional.

As rápidas transformações da globalização impõem um ritmo de readaptação fora do comum, como diz Kotter, J. P. (2012, p. 28-38): "promover uma grande transformação usando um processo de mudança que funcionou no passado" não resolve o problema, uma vez que "velhas formas de criar e implementar a estratégia estão nos deixando na mão". Só assim será possível adotar uma estratégia que signifique vantagem competitiva e coloque a empresa em destaque. O autor ainda recomenda que "a empresa precisa buscar constantemente uma vantagem competitiva sem causar abalos em operações diárias". Kotter ainda esclarece que é preciso "encarar com suficiente urgência uma oportunidade estrategicamente racional e emocionalmente empolgante". Isso representa "a base sobre a qual tudo mais se ergue". A qualidade adequada desse tratamento reverte-se na produtividade final.

Todos aqueles que ocupam cargos nos quais são exigidos conhecimentos em lidar com pessoas, seja na direção descendente, ascendente ou colateral, precisam ver com nitidez qual tipo de motivação está por trás da interação com os demais. É necessário preparo e conhecimento abrangente daquelas informações que as ciências humanas podem oferecer. Por muito tempo procurou-se conseguir sucesso nessa empreitada de motivar pessoas. Embora praticamente pouco se tenha conseguido, os conselhos continuam a brotar de todos os lados.

Gelli, F. e Zanini, M. T. (2012, p. 28-33) apontam algumas das características do contexto das organizações focalizando a "falta de um significado para o trabalho". Isso pode ser visto quando as pessoas acusam "não ter tempo para nada" e por isso muitas

> *Gelli e Zanini apontam algumas das características do contexto das organizações focalizando a falta de um significado para o trabalho.*

coisas são feitas de "maneira menos eficiente e com baixa qualidade". Eles apontam também que muitos executivos perdem de vista a relação "face a face", restando a "sensação de ser um gestor de caixa de e-mails", ou ainda um "herói apagador de incêndios". Para os autores, a consequência é: "desmotivação e desgaste no dia a dia, perda de senso estético do trabalho." Nada de novo se tira daí.

Vieira, P. (2017, p. 40) propõe um conceito que denomina *autorresponsabilidade*, que é a capacidade racional e emocional de trazer para si toda a responsabilidade por tudo que acontece "na vida de cada um, por mais inexplicável que seja".

Capítulo 7

As atitudes sempre trazem suas consequências. É necessário que cada um se responsabilize pelas "escolhas, pois elas determinarão seus caminhos", que por sua vez "determinarão seu destino". Muito pouco da vida ocorre ao acaso. Essa é a grande ligação lógica da história de vida de cada um, que será reconhecida pela atenção que se deve ter da própria vida.

Tantos e tão sérios erros foram cometidos com relação às condições propícias à motivação do ser humano no trabalho, que um novo campo de psicologia social nasceu e se tem desenvolvido com grande força nos vários países do Primeiro Mundo. Cada vez mais e mais se valorizam as preocupações a respeito do ajustamento do ser humano, bem como com as características menos normais, já conhecidas como psicopatologia do comportamento organizacional. No afã de buscar recursos para conseguir fazer com que o homem produzisse mais, alguns pensadores das ciências da administração acabaram por criar um ambiente artificial e nocivo à qualidade de vida dos seres humanos.

Na atualidade, se tem trabalhado com afinco no estudo de uma espécie de ruptura existente entre as expectativas humanas e os projetos propostos pelas corporações de trabalho. Esse é um sinal inequívoco do quanto as famosas e simplificadas "crendices" ingenuamente divulgadas no mundo leigo trouxeram mais problemas do que se pode imaginar. Opiniões infundadas e ingênuas foram desastrosas, pois desvirtuaram o verdadeiro sentido daquilo que representa a felicidade no trabalho.

O aspecto mais importante quando se fala de motivação é aquele que trata da eficácia e da credibilidade que os líderes buscam. A liderança aqui é tomada no sentido proposto por Bass, B. M. (1990, p. V), sendo caracterizada como "a consideração individualizada, que dá ao seguidor apoio, acompanhamento e aconselhamento". Parece contraditório o fato de que o supervisor consiga motivar seus seguidores, mas ele representa o principal ator na desmotivação daqueles que o seguem.

> *Bass caracteriza a liderança como a consideração individualizada, que dá ao seguidor apoio, acompanhamento e aconselhamento.*

Toegel, G. e Barsoux, J. L. (2012, p. 47-50) dizem, em um artigo chamado "Armadilhas do líder", que ele deve sublimar a raiva ao atender a *necessidade de estabilidade*, esvaziando o "compartimento da raiva antes que ela chegue à borda". Outra qualidade é a *extroversão*, que reflete o desejo de estar com os outros. O líder também deve ter aquilo que chamam de *abertura*, que significa "curiosidade intelectual". Além disso, precisa ter *condescendência*, que é o "quanto as pessoas se importam em estar bem com os outros". Outra característica é representada pela *retidão*, que reflete em que medida a pessoa quer estruturar e organizar sua vida. Por isso, o autoconhecimento é a competência de maior importância em liderança, uma vez que, antes de liderar os seguidores, é necessário liderar a si.

Conclusões

Meyer, M. C. (1977, p. 14-17) entrevistou 320 pessoas durante aproximadamente onze anos. A autora acaba chegando à conclusão de que, ao iniciar sua vida de trabalho em qualquer organização, a pessoa está cheia de expectativas motivacionais, e que, com o passar do tempo, ela pode ir perdendo esse potencial, tempo este de três a quatro meses, dependendo da escala de valores da pessoa. Para ela, as razões para isso são "falta de *feedback* construtivo; comportamento inconsistente daqueles que diretamente podem afetar o sucesso, a falta de sensibilidade às necessidades individuais, a negação de informações necessárias, falta de apoio comportamental e psicológico". Finalmente, fala a respeito da "intromissão no espaço psicológico e espaço de trabalho do seguidor". Evitar, sobretudo, desmotivar seus seguidores e não desrespeitar suas expectativas bem como independência pessoal que fortalece a interação entre superiores e seguidores.

Ao se falar que pessoas motivadas não percebem o tanto que trabalham, está-se necessariamente considerando que existe nesse processo uma disponibilidade do ser motivacional que brota no seu interior e tem também seu fim dentro da pessoa. O tema motivação passa a ser encarado a partir de uma das suas mais relevantes características, que é sua gratuidade ou sua independência perante a recompensa ou punição. Aquilo que importa e que, realmente, mais energiza o comportamento motivacional é sem dúvida estar livre para buscar a própria felicidade – o ser humano normal sempre procurará estar fazendo aquilo que o torna pessoalmente mais feliz – caso se consiga oferecer-lhe a oportunidade de escolher livremente seu programa de vida.

> *Meyer constatou que, ao iniciar sua vida de trabalho em qualquer organização, a pessoa está cheia de expectativas motivacionais.*

Felicidade dá lucro? Esse é o título de uma reportagem feita por Pouiller, F. (2012, p. 86-89), que entrevistou dois pesquisadores no campo da felicidade – Ben-Shahar e Happier, professores universitários –, na qual propõe: "quando o desejo por bens materiais nos domina, ficamos incapazes de participar das atividades" que trariam "a sensação de felicidade". Assim considerada, a "fidelidade está relacionada com um estado mental, e não com o saldo bancário". A autora considera que as coisas que realmente importam na vida estão relacionadas "com o autoconhecimento, a busca de um objetivo na vida e a valorização de cada dia". Para o professor Tal Ben-Shahar, é necessário "aprender a deixar fluir a vida". Num artigo publicado em 2005 pela revista *Time*, ele lança um novo campo de estudo chamado de "psicologia positiva", onde aborda temas como "amor, alegria, realização com o lugar de trabalho e relacionamentos pessoais", que para ele são "as coisas que fazem a vida valer a pena". Os entrevistados citam Goleman, autor do livro *Inteligência emocional*, e destacam que algumas coisas "desempenham um papel central na construção do sucesso e da felicidade". Assim sendo, a felicidade pessoal depende, sobretudo, de se conseguir planejar, exercer o autocontrole, o controle sobre as variáveis para

Capítulo 7

> *Pouiller considera que as coisas que realmente importam na vida estão relacionadas com o autoconhecimento, a busca de um objetivo na vida e a valorização de cada dia.*

não se perder o caminho da busca da completude de si.

Depoimentos de pessoas que dizem sentir-se altamente motivadas são unânimes em acusar que não percebem o tempo que passa; para elas, ele flui depressa demais. Para essas pessoas, parece sempre faltar mais disponibilidade para executarem tudo aquilo que gostariam de fazer. Para pessoas motivadas a vida sempre parece curta demais. De maneira oposta, aqueles que demonstraram possuir baixo nível de satisfação motivacional queixam-se de que estão frequentemente fazendo coisas que os aborrecem, e isso lhes rouba um tempo lastimavelmente longo. É como se diz no jargão popular, elas experimentam um sentimento de culpa por sentirem que passam pela vida "matando o tempo", desempenhando atividades que nada têm a ver com elas mesmas.

Lowe, S. (2015, p. 91) recomenda que "soluções e novas oportunidades" precisam ser assumidas sem voltar aos antigos problemas. Diz ela: "decida liberar todo o seu potencial", uma vez que é "você que está no controle". E alerta: pense "que a vida se destina a ser abundante em todas as áreas". Assim se utiliza todo o combustível que se possui para chegar aonde se espera.

Não é produtivo ficar impassível e congelado perante os problemas que ocorrem pelo fato de estar vivo. É imprescindível aproveitar os próprios erros e tirar deles todo proveito possível para aprender mais e evoluir constantemente. Como diz Heath, R. (2011, p. 55), é preciso "aceitar críticas como contribuições ao seu desempenho pessoal". Não se deve ter medo de errar. "Cometa mais erros." Cuidado com as "fórmulas testadas e aprovadas" – elas não põem ninguém para a frente e não ajudam o desempenho de todo o potencial. Quem as usa está "somente evitando riscos". Aqueles que arriscam têm maior oportunidade de se desenvolverem cada vez mais.

Como diz Vieira, P. (2017, p. 59), errar "é uma etapa fundamental do processo de aprendizagem, parte integrante do processo de desenvolvimento humano". Sob esse aspecto, caso os erros não sejam reconhecidos, não há aprendizado e, dessa maneira, não ocorre mudança. As pessoas "podem aprender com eles e sabem que para não colher os mesmos resultados, basta fazer diferente da próxima vez". Esse é o lado produtivo do fato de errar. O erro não mata ninguém. Por isso, não tenha medo de errar.

Atenção com a vida

Como cada um é responsável pela própria felicidade, é indispensável construir um gênero de vida que favoreça o uso do próprio potencial, isto é, dos seus pontos fortes. Buckinghan, D. e Clinfton D. O. (2008, p. 24) recomendam que se esteja atento para fazer todo dia aquilo que as pessoas mais adoram fazer, criando "para si um papel que põe em movimento os pontos fortes que possui". Em outras palavras, não "engolir sapos", mesmo que seja por curto período de tempo. Esse cuidado exige de cada um muita atenção com o planejamento da própria vida e cuidadosa análise do ambiente em que está.

No geral, cada um é levado a passar pelos acontecimentos e só algum tempo depois se dá conta de que fez algo que não estava no seu planejamento de vida, o que pode ser perigoso para a verdadeira saúde psíquica. Ninguém tem o direito de fazer isso consigo transformando-se em seu próprio inimigo. Essas pessoas acreditam que o passar do tempo fará com que o mal-estar que se provoca passará um dia – pelo contrário, isso desgasta a pessoa e compromete a autoestima. *Viver feliz pede cuidado e dá trabalho.*

Para Gardner, H. (2005, p. 19), "os seres humanos não são necessariamente observadores acurados da sua vida mental" – bem como as "explicações introspectivas da experiência não satisfazem padrões científicos rigorosos". O autor fala da Inteligência Interpessoal como aquela que se utiliza nos relacionamentos com as demais pessoas e Inteligência Intrapessoal que "é dirigida para dentro de nós" (p. 49). Da mesma maneira como se tem várias graduações no Quociente Intelectual (QI), cada indivíduo tem também várias graduações de Inteligência Interpessoal e Intrapessoal. A pessoa mais bem dotada em Inteligência Intrapessoal "possui um bom modelo funcional de si mesma, é capaz de identificar sentimentos, objetivos, medos, forças e fraquezas pessoais", o que seguramente lhe permitirá "tomar decisões sensatas em sua vida". Mais a diante, conclui o autor que aquelas "pessoas que possuem um profundo entendimento de suas forças e necessidades estão em uma posição muito melhor do que aquelas com autoconhecimento limitado ou distorcido" (p. 49), que podem ser consideradas como deficientes mentalmente.

Finalmente...

Kets de Vries, M. F. R. (2014, p. 324) já há algum tempo exerce um programa de terapia junto à cúpula empresarial que "consiste em três períodos de cinco dias com dois intervalos de aproxima-

> *Pessoas com um profundo entendimento de suas forças e necessidades estão em uma posição muito melhor do que aquelas com autoconhecimento limitado ou distorcido.*

damente sete semanas entre eles" (2014, p. 277). O principal objetivo é a "autodescoberta" para "compreenderem seus próprios problemas na vida pública e privada", que o autor chama de "reciclagem" para CEOs.

Kets de Vries parte do fato de que ninguém nasce bem-sucedido, porém nossa percepção daquilo que constitui sucesso começa bem cedo. Isso só acontece "assim

Capítulo 7

que passamos a escrever nosso roteiro interno". Daí para a frente, ele vai influenciar "o modo como nossas fantasias e sonhos de sucesso são interiorizados" (p. 324). Errar também faz parte da personalidade individual de cada um.

Dave Ulrich, um dos atuais especialistas em gestão de pessoas e professor da University of Michigan (2012, p. 23-28), aborda aquilo que chama de *Organizações abundantes*", nas quais as pessoas podem lutar por essa motivação da busca pela felicidade. Elas são: "Bem-sucedidas financeiramente, mas comprometidas a ser um ambiente que dá sentido à vida das pessoas." Prestam "assistência às pessoas para que encontrem sentido em seu ambiente de trabalho." Existe nessas organizações uma simbiose, entre a motivação dos que trabalham e os fins que buscam.

O efeito disso sobre seus contribuintes parece ser inegável. Essas organizações reconhecem que quando "as pessoas agem a partir das emoções e valores, é porque querem encontrar significado em suas vidas". Ulrich reconhece que "as pessoas que encontram sentido sobrevivem àquelas que não". Com essa filosofia, a organização consegue o envolvimento voluntário de cada um em suas atividades corporativas.

Thomas, K. W. (2011, p. 17) diz que "as pessoas sofrem quando lhes faltam objetivos". O autor acrescenta que existem estudos que revelam "que os seres humanos deterioram se não tiverem objetivos", o que equivale a dizer que sem objetivos a vida não merece ser vivida.

Gelli, F. e Zanini, M. T. quando falam da "ausência de sentidos" (2012, p. 28-32), colocam cada um como o responsável pela "falta de significado para o trabalho". É necessário lutar contra a ausência "de uma razão maior para estar neste lugar, neste momento, tão somente para o trabalho". Procurar um emprego não significa procurar qualquer coisa para fazer e deixar o tempo rolar – isso não corresponde a nenhum objetivo para prosseguir em frente. Dentro dos parâmetros de uma vida de trabalho feliz, é encontrada uma "razão para pertencer à empresa", o que representa identificação pessoal e envolvimento com o ambiente organizacional.

Analisando dados colhidos por uma pesquisa feita pelo Development Dimension International em vários países, inclusive no Brasil, Byham, T. (2012, p. 88-89) propõe: "45% dos pesquisados estariam de acordo em perder sua posição de liderança" ganhando o mesmo salário, uma vez que o ambiente de trabalho lhes pesa. Além disso, 16% concordam, mesmo havendo redução de remuneração, o que quer dizer que assumir a liderança não é tão cômodo como se pensa.

Sisodia, R. S.; Sheth, J. N.; Wolfe, D. B. cita Daniel Goleman no seu livro *Working with emotional intelligence* quando relata que as empresas mais bem-sucedidas nas quais existem "autoconfiança, autoconsciência, autocontrole, comprometimento e integridade". Nesse contexto, elas podem ser assim retratadas: "A consideração afetuosa das empresas mais queridas por seus colaboradores[1] e de um valor que não

---

[1] *Stakeholders*.

pode ser capitalizado pelas teorias econômicas e administrativas clássicas." Como resultado, "nenhum desses sistemas de pensamento consegue avaliar o carinho mútuo existente entre as empresas e seus colaboradores [...]". Conforme acrescenta, "por que não avaliar também o quanto o coração de uma empresa investe nos seus colaboradores?" A conclusão é que "isso significa criar lugar para o coração nas teorias econômicas e administrativas". Elas buscam conquistar o "carinho e afeição dos seus contribuintes", o que deve ser considerado como tendo "uma das diferenças competitivas mais fundamentais já empregadas nos empreendimentos capitalistas". Isso representa o principal atrativo para pessoas de notória competência.

Em recente pronunciamento, Ulrich, D. e Smallwood, N. (2013, p. 29-35) põem em evidência que uma "ação sem paixão não perdura, tão pouco a paixão sem ação". Caso se vise a mudança sustentável, é indispensável saber que ela "exige tanto coração como cabeça; requer uma forte agenda emocional e não simplesmente intelectual". Quem promove essa predisposição são os líderes quando se baseiam "em seus valores mais profundos". Com isso, "garantem a emoção" e, como consequência, conseguem encontrar "o significado do trabalho que realizam" sem se apegarem a "quão lógica e convincente possa ser" a situação de conseguir que as pessoas façam aquilo que precisa ser feito e que amem fazê-lo.

Para Sievers, B. (1990, p. 120), "isso implica o conhecimento da relação do mundo interior de uma pessoa, os seus sonhos, esperanças e ansiedades, em termos da realidade exterior e da sua estrutura social". Caso não se consiga atingir esse ponto, restará o "vazio que nos impede de enxergar como mentira aquilo que é comumente assumido como verdade". E quem explicaria o comportamento de ardente motivação de uma doutora da igreja católica conhecida como Santa Tereza d'Ávila, andarilha, peregrina e fundadora de muitos carmelos, quando, inflamada pelo amor de Deus, escreve:

> "Vivo sin vivir en mí
> Y tan alta vida espero
> Que muero porque no muero"

A felicidade de viver de forma autorresponsável nos faz reviver as mesmas circunstâncias de dor ao longo da vida.

(Vieira, 2017, p. 43)

Referências

ALDERFER, C. P. *Existence, relatedness and growth*: human needs in organizational settings. Londres: McMillan, 1972.

AMABILE. T. M.; KRAMER, S. J. Vida interior no trabalho: o subtexto do desempenho da empresa. *Harvard Business Review Brasil*, São Paulo: Segmento, v. 85, n. 5, maio 2007.

ARANTES, M. A. *Estresse*. São Paulo: Casa do Psicólogo, 2002.

ARCHER, E. R. T. The myth of motivation. *Personnel Administrator*, v. 23 n. 12, p. 57-65, Dec. 1978.

ARGYLE, M. *Comunicação e dinâmica de grupo*: bases psicológicas. São Paulo: Ibrasa, 1976.

ARGYRIS, C. Incompetência hábil em aprendizagem organizacional. *Harvard Business Review*, Rio de Janeiro: Elsevier, 2006.

ATKINS, S. *The name of the game*. Los Angeles: Ellis & Stuart, 1981.

BALDWIN, T.; RUBIN, R.; BOMMER, W. H. *Desenvolvimento de habilidades gerenciais*. São Paulo: Elsevier, 2008.

BALLY, G. *El juego como expresión de libertad*. Buenos Aires: Fondo de Cultura Económica, 1964.

BARTOLOMÉ, F.; EVANS, P. A. O sucesso precisa custar tanto? In: HARVARD BUSINESS REVIEW (Ed.). *Trabalho e vida pessoal*. Rio de Janeiro: Elsevier, 2001.

BASS, B. M., *The Bass handbook of leadership*: theory, research and managerial applications. New York: Free Press, 1990.

_____. *Leadership, psychology and organizational behavior*. NewYork: Harper & Row, 1960.

_____; AVOLIO, B., *Full range development*: manual for the Multifactor Leadership Questionnaire. Redwood City, CA: Mind Garden, 1977.

BEER, M.; WALTON, R. E. Nota da Harvard Business School: Sistemas de recompensa e o papel da remuneração. In: HARVARD BUSINESS REVIEW (Ed.). *Gestão de pessoas, não de pessoal*: os melhores métodos de motivação e avaliação de desempenho. Rio de Janeiro: Campus, 1997.

Referências

BERNSTEIN, D. A. et al. *Psychology*. Boston: Houghton Mifflin, 2000.

BIRCH, D., VEROFF, J. *Motivação*. São Paulo: Herder, 1970.

BOHLANDER, G.; SNELL, S. *Administração de recursos humanos*. São Paulo: Cengage Learning, 2010.

BOWDITCH J. L.; BUONO, A. F. *Elementos de comportamento organizacional*. São Paulo: Thomson Pioneira, 1992.

BROUWER, P. The power to see ourselves. *Harvard Business Review*, Boston, Nov./Dec. 1964.

BRUCE, A.; PEPITONE, J. S. *Motivating employes*. New. York: McGraw-Hill, 1999.

BURNS, J. M. *Leadership*. New York: Harper & Row, 1978.

CAMERON, E.; GREEN, M. *Gerenciamento de mudanças*: um guia completo com modelos, ferramentas e técnicas para implementar mudanças nas organizações. São Paulo: Clio, 2009.

CASHMAN, K. *Liderança autêntica*: de dentro de si para fora. são Paulo: Makron Books, 2011.

CASTRO, A. P.; MARIA, V. J. *Motivação*: como desenvolver e utilizar esta energia. Rio de Janeiro: Campus, 1998, p. 61.

CLOKE, K.; GOLDSMITH, J. *Resolving conflicts at work*. San Francisco: Jossey-Bass, 2005.

COFER, C. N.; APPLEY, M. H. *Motivation*: theory and research. New York: John Wiley, 1964.

CONNELLAN, T. K. *Fator humano e desempenho empresarial*. São Paulo: Harper & How, 1984.

COON, D. *Introdução à psicologia*: uma jornada. São Paulo: Thomson Learning, 2006.

COVEY, S. Mentalidade e habilidade de um líder. In: HESSELBEIN, F.; GOLDSMITH, M.; SOMERVILLE, I. *Liderança para o século XXI*. São Paulo: Futura: Peter Drucker Foundation, 2000).

CULLIGAN, M.; DEAKINS, C. S.; YOUNG, A. H. *Administração*: de volta às origens da arte perdida. São Paulo: Best Seller, 1988.

CURY, A. *Ansiedade*: como enfrentar o mal do século. São Paulo: Saraiva, 2014.

DECI, E. L. *Por que fazemos o que fazemos*: entendendo a automotivação. São Paulo: Negócio, 1998.

_____; RYAN, R. M. *Intrinsic motivation and self-determination in human behavior*. New York: Plenum, 1985.

_____. The history of motivation in psychology and its relevance for management. In: VROOM, V. H. *Management and motivation*. New York: Penguin, 1992.

DICIONÁRIO de Psicologia. Larousse do Brasil, [s.d].

DIEL, P. *Psychologie de la motivation*: une théorie et ppplication therapeutique. Paris: Petite Bibliothèque Payot, 1969.

DÓRIA, C. S. (Madre Cristina Maria). *Psicologia científica geral*: um estudo analítico do adulto normal. Rio de Janeiro: Agir, 1972.

DRUCKER, P. *Fator humano e desempenho*. São Paulo: Pioneira, 1975.

DUBRIN, A. J. *Fundamentos do comportamento organizacional*. São Paulo: Pioneira Thomson Learning, 2003.

EDELMAN, S. *Basta pensar diferente*: como a ciência pode ajudar você a ver o mundo por novos olhos. São Paulo: Fundamento Educacional, 2014.

FADIGAN, J.; FRANGER, R. *Teorias da personalidade*. São Paulo: Harper & Row, 1979.

FERNÁNDEZ-ARAÓZ, C. *Grandes decisões sobre pessoas*: por que são tão importantes, por que são tão difíceis e como você pode dominá-las a fundo. São Paulo: DVS, 2009.

Referências

_____; GROYSBERG, B.; NOHRIA, N. Como segurar gente de alto potencial. *Harvard Business Review Brasil*, São Paulo: Segmento, v. 89, n. 10, out. 2011.

_____; *Grandes decisões sobre pessoas*: por que são tão importantes, por que são tão difíceis e como você pode dominá-las a fundo. São Paulo: DVS, 2009.

FERREIRA, A. B. H. *Pequeno dicionário brasileiro da língua portuguesa*. 10. ed. Rio de Janeiro: Civilização Brasileira, 1977.

FRANÇA, A. C. L. *Práticas de recursos humanos – PRH*: conceitos, ferramentas e procedimentos. São Paulo: Atlas, 2007.

FRANCES, R., *La satisfaction dans le travail et l'emploi*. Paris: Presses Universitaires de France, 1981.

FREUD, S. *O mal-estar na civilização*. Rio de Janeiro: Imago, 1969.

_____. *Psicopatologia da vida cotidiana*. Rio de Janeiro: Imago, 1976.

FROMM, E. A. *Sobrevivência da humanidade*. Rio de Janeiro: Zahar, 1978.

_____. *Análise do homem*. Rio de Janeiro: Zahar, 1978

GABBARD, G. O. *Psiquiatria psicodinâmica*. Porto Alegre: Artes Médicas, 1998.

GELLI, F.; ZANINI, M. T. O zeitgeist e a nova bússola. *HSM Management*, ano 10, v. 6, n. 95, nov./dez. 2012.

GERRIG, R. J.; ZIMBARDO, P. G. *A psicologia e a vida*. Porto Alegre: Artmed, 2005.

GOLDSMITH, M.; FULMER, R. M.; GIBBS, P. A. Incubadoras de líderes. *HSM Management*, 26, maio/jun. 2001.

GOLDSTEIN, M.; PHIL, R. Como liberar a energia na sua empresa. *Harvard Business Review Brasil*, v. 89, n. 10, out. 2011.

GOLEMAN, D. *Inteligência emocional*. Rio de Janeiro: Objetiva, 1996.

GONDIN, S. M. G.; SILVA, N. Motivação no trabalho. In: ZANELLI, J. C.; BORGES-ANDRADE, J. E.; BASTOS, A. V. B. *Psicologia, organizações e trabalho no Brasil*. Porto Alegre: Artmed, 2004.

GOOCH, B. J.; MCDOWELL, P. J. Use of anxiety to motivate. *Personnel Journal*, Apr. 1988.

HARFORD, T. *Adapte-se*: por que todo sucesso começa com um fracasso. Rio de Janeiro: Record, 2015.

HAMEL, G.; BREEN, C. A. B. *O futuro da administração*. São Paulo: Elsevier, 2008.

HANDY, C. B. Como compreender as organizações? Rio de Janeiro: Zahar, 1978.

HASTORF, A.; SCHNEIDER, D.; POLEFKA, I. *Percepção de pessoa*. São Paulo: Edgard Blucher, 1973.

HEATH, R. *Transformando erros em lucro*: como aproveitar todas as experiências de gestão e convertê-las em vantagens para a empresa. São Paulo: Gente, 2011.

HOGUE, J. P. *L'homme et l'organisation*. Montréal: Beauchemin, 1980.

HUFFMAN, K.; VERNOY, M.; VERNOY, J. *Psicologia*. São Paulo: Atlas, 2003.

HUTEAU, M. *Les conceptions cognitives de la personnalité*. Paris: Presses Universitaires de France, 1985.

JACKMAN, J. M.; STROBER, M. H. Medo do feedback. *Harvard Business Review Brasil*, v. 81, n. 4, abr. 2003.

JASINSKI, F. J. A Dinâmica do comportamento organizacional. In: HAMPTON, D. R. (Org.). *Conceitos de comportamento na administração*. São Paulo: EPU, 1973.

JOHNS, G. *Organizational behavior*. Glenview: Scott Foresman, 1983.

Referências

KANTER, R. M. A nova atividade gerencial. In: HARVARD BUSINESS REVIEW (Ed.) *Liderança classe mundial.* Rio de Janeiro: Campus, 2005.

KATCHER, A. *A Importância de ser você mesmo.* São Paulo: Atlas, 1985.

_____; PASTERNAK, K. *Gerenciando suas forças.* Rio de Janeiro: Qualitymark, 2005.

KELIN, S. P. *Motivations*: biosocial approaches. New York: McGraw-Hill, 1982.

KELLER, R. F. *Aprendizagem*: teoria do reforço. São Paulo: Herder, 1970.

KERNBERG, O. F. *Ideologia, conflito e liderança em grupos e organizações.* Porto Alegre: Artmed, 2000.

KETS DE VRIES, M. F. R. Os líderes no divã: entrevista concedida a D. L. Coutu. *Harvard Business Review,* São Paulo, jan. 2004.

_____. *Liderança na empresa*: como o comportamento dos líderes afeta a cultura interna. São Paulo: Atlas, 1997.

_____; CARLOCK, R. S.; FLORENT-TREACY. *A empresa familiar no divã*: uma perspectiva psicológica. Porto Alegre: Artmed 2008.

_____; MILLER, D. *L'entreprise névrosée.* Paris: McGraw-Hill, 1985.

_____; *The Irrational Executive*: Psychoanalytic Explorations in Management. Madison, Connecticut: International Universities, 1986.

KILMAN, R. H. et al. *Managing ego energy*: the transformation of personal meaning into organizational success. San Francisco: Jossey-Bass, 1994.

KOHN, A. *Punidos pelas recompensas*: os problemas causados por prêmios por produtividade, planos de incentivos, remuneração variável, elogios, participação nos lucros e outras formas de suborno. São Paulo: Atlas, 1998.

KOTTER. J. P. Os líderes necessários. *HSM Management,* set./out. 1997.

_____. As empresas que sabem inovar exploram com rapidez os desafios estratégicos de hoje: e seguem batendo metas. *Harvard Business Review Brasil,* Segmento, v. 90, n. 11, nov. 2012.

KRECH, D.; CRUTCHFIELD, R. *Elementos de psicologia.* São Paulo: Pioneira, 1963.

LAPIERRE, L. *Imaginário, administração e liderança.* São Paulo: Pioneira, 1990.

LATASCK, R. C. Coping with job stress: mesures and future directions for scale development. *Journal of Applied Psychology,* EUA, 1986.

LAWLER, E. E. *Motivation in work organizations.* Belmont: Wadsworth, 1983.

_____. *Pay and organizations development.* California: Addison-Wesley, 1983.

LEVINSON, H. Administração por objetivos de quem? In: HARVARD BUSINESS REVIEW (Ed.). *Gestão de pessoas, não de pessoal*: os melhores métodos de motivação e avaliação de desempenho. Rio de Janeiro: Campus, 1997.

LEVY-LEBOYER, C. *Psychologie des organisations.* Paris: Pesses Universitaires de France, 1974.

_____. *A crise das motivações.* São Paulo: Atlas, 1994.

LORENZ, K. *A demolição do homem*: crítica à falsa religião do progresso. São Paulo: Brasiliense, 1986.

_____. *Os oito pecados mortais do homem civilizado.* São Paulo: Brasiliense, 1988.

LOWE, S. *Extraordinariamente*: transforme sua maneira de pensar e conquiste o sucesso profissional. São Paulo: Gente, 2015.

MACCOBY, M. *Travailler, pourquoi?* Une nouvelle théorie de la motivation. Paris: Inter Editions, 1988.

Referências

MAGALHÃES, D. *O que falta para você ser feliz?* São Paulo: Gente, 2014.

MARTINS, H. T. *Gestão de carreiras na era do conhecimento*: abordagem conceitual & resultados de pesquisa. Rio de Janeiro: Qualitymark, 2001.

MARTINS, S. R. *Clínica do trabalho.* São Paulo: Casa do Psicólogo, 2009.

MASLOW, A. *Introdução à psicologia do ser.* Rio de Janeiro: Eldorado Tijuca, [s/d].

_____. *Maslow no gerenciamento.* Rio de Janeiro: Qualitymark, 2000.

MASSARIK, F. The humanistic organization: from soft-soap to reality. In: MELTZER, H.; WICKERT, F. R. *Humanizing organization behavior.* Springfield: Charles C. Thomas, 1976.

MAXWELL, J. C. *O livro de ouro da liderança.* Rio de Janeiro: Thomas Nelson, 2008.

MCGREGOR, D. *Motivação e liderança.* São Paulo: Brasiliense, 1973.

_____. *O lado humano da empresa.* São Paulo: Martins Fontes, 1980.

MEIGNEZ, R. *Pathologie sociale de l'entreprise.* Paris: Gauthier-Vilars, 1965.

MEYER, M. C. Six stages of demotivation. *International Management*, Apr. 1977.

MICHEL, S. *Peut-on gerer les motivations?* Paris: Presses Universitaries de France, 1994.

MICKLETHWAIT, J.; WOOLDRIDGE, A. *Os bruxos da administração*: como entender a babel dos gurus da administração. Rio de Janeiro: Campus, 1998.

MILHOLLAN, F.; FORISHA, B. E. *Skinner X Rogers*: duas maneiras contrastantes de encarar a educação. São Paulo: Summus, 1972.

MINARIK, E. *Motivation individuelle*: clé du success et de L'entreprise. Paris: Les Editions d'Organization, 1987.

MINET, F. Les compétences au coeur de la gestion des ressources humaines. In: MINET, F., PARLIER, M. ; WITTE, S. *La compétence*: mythe, construction ou realité? Paris: L'Harmattan, 1994.

MOW International Research Team. *The meaning of working.* London: Academic Press, 1987.

MUCHINSKY, P. M. *Psicologia organizacional.* São Paulo: Thomson Learning, 2004.

MURRAY, E. J. *Motivação e emoção.* Rio de Janeiro: Zahar, 1971.

NUTTIN, J. *Psicanálise e personalidade.* Rio de Janeiro: Agir, 1958.

_____. *Motivation et perspectives d'avenir.* Louvain: Presses Univesitaires de Louvain, 1980.

OLIVEIRA, C. R. *História do trabalho.* São Paulo: Ática, 2006.

PEREIRA, J. C. *Resiliência para líder com pressões e situações adversas.* São Paulo: Ideias & Letras, 2015.

PFLAEGING, N. *Liderando com metas flexíveis*: um guia para a revolução do desempenho. Porto Alegre: Artmed, 2009.

PIERON, H. *Dicionário de psicologia.* Porto Alegre: Globo, 1969.

PINDER, C. C. *Work motivation in organizational behavior.* New Jersey: Prentice Hall, 1998.

PINK, D. H. *Motivação 3.0*: os novos fatores motivacionais para realização pessoal e profissional. Rio de Janeiro: Elsevier, 2010.

POUILLER, F. Felicidade dá lucro? *HSM Management*, ano 16, v. 5, n. 94, set./out. 2012.

PORTER, E. H. L.; MANOLEY, S. E. *Strength development inventory.* USA: Personnel Strenghts Assessment Service, 1977.

RABAGLIO, M. R. *Ferramentas de avaliação de performance com foco em competência.* Rio de Janeiro: Qualitymark, 2010.

Referências

RANKIN, L. *Poderosamente*: evidências científicas de que a fé e as terapias alternativas podem curar. Tradução de Rodrigo Peixoto: Harper Collins Brasil, 2016.

ROBBINS, S. P. *Comportamento organizacional*. Rio de Janeiro: LTC, 1999.

_____. *A verdade sobre gerenciar pessoas*. São Paulo: Pearson Education, 2003.

ROWLEY, A. *A terapia do líder*. Rio de Janeiro: Best Seller, 2009.

ROWN, M. E os CEOS descobrem o RH. *HSM Managementl*, n. 67, mar/abr. 2008.

SAXBERG, B. O.; SUTERMEISTER, R. A. Humanizing the organization: todays Imperative. In: MELTZER, H.; WICKERT F. R. *Humanizing organizational Behavior*. Springfield, Illinois: Charles C. Thomas, 1976.

SCHERMERHORN, J. R. J.; HUNT, J. G.; OSBORN, R. N. *Fundamentos de comportamento organizacional*. Porto Alegre: Bookman, 1999.

SCHUTZ, W. *The interpersonal underwold*. Palo Alto: Science & Behavior, 1966.

_____. *The human element*: productivity, self-esteem and the bottom line. San Francisco: Jossey-Bass, 1994.

SEIDMAN, D. A vantagem dos valores. *HBR Management*, ano 15, v. 6, n. 89, nov./dez. 2011.

SENGE, P. Os sistemas amplos e a companhia. *HSM Management*, ano 15, v. 5, n. 88, set/ out. 2011.

SHERMAN, S. O poder da escolha. In: HESSELBEIN, F.; GOLDSMITH M.; SOMERVILLE I. *Liderança para o século XXI*. São Paulo: Futura, 2001.

SIEVERS, B. Além do sucedâneo da motivação. *Revista de Administração de Empresas*, São Paulo: FGV, v. 30, n. 1., jan./mar. 1990.

SILVA, A. *Ansiedade corporativa*. Rio de Janeiro: Rocco, 2015.

SIROTA, D.; MISCHKIND, L. A.; MELTZER, M. I. Pare de desmotivar seus funcionários. *Harvard Management Update*, São Paulo, n. 30, mar. 2006.

SISODIA, R. S.; SHETH, J. N.; WOLFE, D. B. *Os segredos das empresas mais queridas*: como as empresas de classe mundial lucram com a paixão e os bons propósitos. Porto Alegre: Artmed, 2008.

SKINNER, B. F. *O mito da liberdade*. Rio de Janeiro: Bloch, 1971a.

_____. Skinner's utopia: panacea, or path to hell? *Time*, 20 Sept. 1971b, p. 45-51.

_____. *A matter of consequences*. New York: Knopf, 1988.

SLATER, P. Conduzindo a si mesmo. In: BENNIS, W.; SPREITZER, G. M.; CUMMINGS, T. O. *O futuro da liderança*. São Paulo: Futura, 2001.

STAPLES, W. D. *Uma teoria da motivação*: a essência da motivação. São Paulo: Matins Claret, 1998.

SPREITZER, G. M.; CUMMINGS, T. G. Os desafios da liderança das novas gerações. In: BENNIS, W. *O futuro da liderança*: uma coletânea dos maiores líderes da atualidade. São Paulo: Futura, 2001.

STEENBURGH, T.; AHEARNE, M. Como motivar a força de vendas: o que realmente funciona. *Harvard Business Review Brasil*, v. 90, n. 8, ago. 2012.

STEERS, R.; PORTER, L. W. *Motivation and work behavior*. New York: McGraw-Hill, 1983.

TAYLOR, F. W. *Princípios da administração científica*. São Paulo: Atlas, 1976.

THOMAS, K. W. *A verdadeira motivação*. Rio de Janeiro: Campus, 2010.

TJOSVOLD, D.; TJOSVOLD, M. M. *Psychology for leaders*: using motivation, conflict and power to manage more effectively. New York: John Wiley, 1995.

THOMAS, K. W. *A verdadeira motivação*: descubra os quatro elementos capazes de fortalecer o envolvimento dos seus funcionários para sempre. Rio de Janeiro: Elsevier, 2010.

TOEGEL, G.; BARSOUX, J.-L. As armadilhas do líder. *HSM Management*, ano 16, v. 5, n. 94, set./out. 2012.

UEDA, M. *Competência emocional*: quanto mais, melhor! Rio de Janeiro: Qualitumark, 2011.

ULRICH, D. Organizações abundantes. *Harvard Busoness Review Brasil*, ano 16, v. 1, n. 90, jan./fev. 2012.

ULRICH, D. S.; SMALLWOOD. N. Os sete princípios de liderança sustentável. *H. S. Management* n. 97 ano 17, v. 2, São Paulo, Março abr. 2013.

VERGARA, S. C. *Gestão de pessoas*. São Paulo: Atlas, 2003.

VIEIRA, P. *Poder da alta performance*. São Paulo: Editora Gente, 2017.

VROOM, V. H. *Work and motivation*. New York. John Wiley, 1964.

WEINER, B. *Human motivation*: metaphors, theories and research. London: Sage, 1992.

WEITEN, W. *Introdução à psicologia*: temas e variações. São Paulo: Pioneira Thomson, 2002.

WINCH, G. *Como curar suas feridas emocionais*: primeiros socorros para a rejeição, a culpa, a solidão, o fracasso e a baixa autoestima. Rio de Janeiro: Sextante, 2014.

YALOM, I. D. *Os desafios da terapia*: reflexões para pacientes e terapeutas. Rio de Janeiro: Ediouro, 2006.

YUKL, G. A. *Leadership in organizations*. Engewood Cliffs: Prentice Hall, 1989.

ZALESNIK, A. Management of disappointment. In: KETS DE VRIES, M. F. R. *The irrational executive*: psychoanalytic explorations. in management. Connecticut: International Press, 1984.

ZANELLI, J. B. et al. *Estresse nas organizações de trabalho*. Porto Alegre: Artmed, 2010.

Referências Sugeridas

ADIZES, I. *Como resolver as crises da antigerência*. São Paulo: Pioneira, 1987.

ARGYRIS, C. The organization: what makes it health? *Harvard Business Review*, Boston, v. 36, n. 6, 1958.

_____. *Personalidade e organização*. Rio de Janeiro: Renes, 1969.

ATKINSON, J. W. *An introduction to motivation*. Princeton: D. van Nostrand, 1966.

ATKINS, S. *The name of the game*. Los Angeles: Ellis & Stuart, 1981.

BASIL, D. C.; COOK, C. W. *O empresário diante das transformações sociais, econômicas e tecnológicas*. São Paulo: McGraw-Hill, 1978.

BEHLING, O.; LEIBOVITZ, G.; KOSMO, R. The Herzberg controversy: a critical reappraisal. *Academy of Management Journal*, New York, Mar. 1986.

BENABOU, C.; ABRAVANEL, H. *Le comportement des individus et des groupes dans l'organisation*. Canada: Gaetan Morin, 1986.

BENNIS, W. *A formação do líder*. São Paulo: Atlas, 1996.

BERGAMINI, C. W. *Correlação entre estilos comportamentais e variáveis organizacionais*. 1979. Dissertação (Mestrado) – FEA/USP, São Paulo.

_____. *A essência da motivação*: a arte de viver. São Paulo: Martin Claret, 1998.

_____. *Revisão dos conceitos tradicionais de motivação e levantamento de um perfil motivacional brasileiro*. 1983. Tese (Doutorado) – FEA/USP, São Paulo.

Referências

_____. Quando a motivação dá dinheiro. *O Estado de S. Paulo*, São Paulo, Caderno de Empresas, 1989.

_____. *Liderança*: a administração do sentido. São Paulo: Atlas, 1984.

BERNSTEIN, D. A. et al. *Psichology*. New York: Houghton Mifflin, 2000.

BETZ, R. É melhor ser feliz do que normal. Rio de Janeiro: Sextante, 2014.

BIRCH, D.; VEROFF, J. *Motivação*. São Paulo: Herder, 1970.

BOHLANDER, G.; SNELL, S. *Administração de recursos humanos*. São Paulo: Cengage Learning, 2010.

BRANDEN, N. Creating high-self-esteem/high-performance organizations. In: KILMAN, R.; et al. *Managing ego energy*: the transformation of personnel meaning into organization success. San Francisco: Jossey-Bass, 1994.

BROWN, B. *A coragem de ser imperfeito*: como aceitar a própria vulnerabilidade, vencer a vergonha e ousar ser quem você é pode levá-lo a uma vida mais plena. Rio de Janeiro: Sextante, 2013.

BRUCE, J.; SHATTÉ, A.; PERLMAN, A. *Estresse*: como lidar com as emoções que tiram você do sério. Rio de Janeiro: Sextante, 2015.

CAMPBELL, J. P.; PRITCHARD, R. D. Motivation theory in industrial and organizational psychology. In: DUNNETTE, M. D. *Handbook of industrial and organizational psychology*. Chicago: Rand McNally, 1976.

CAPELAS, H. *O mapa da felicidade*: as coordenadas para curar a sua vida e nunca mais olhar para trás. São Paulo: Gente, 2014.

CARUSO, D. R.; SALOVEY, P. *Liderança com inteligência emocional*: liderando e administrando com competência e eficácia. São Paulo: M. Books, 2007.

CHUNG, M. H. Incentives: theory and research. *Personnel Administrator*, Jan./Feb. 1972.

CHUSMIR, M. H. *Matching individual to jobs*: a motivacional answer for personnel and counseling professional. New York: Amacon, 1985.

CURY, A. *Ansiedade*: como enfrentar o mal do século. São Paulo: Saraiva, 2014.

DAVIDSON, J. P. Sucessfull staff motivations hinges on enthusiastic delegators. *Data Management*, EUA, June 1986.

DAVIS, K.; NEWSTROM, J. W. *Comportamento humano no trabalho*: uma abordagem psicológica. São Paulo: Cengage, 1989.

DECI, E. L.; RYAN, R. M. *Intrinsic motivation and self determination in human behavior*. New York: Plenum, 1985.

DOWLING, W. F.; SAYLES, L. R. *How managers motivate the imperatives of supervision*. New York: McGraw-Hill, 1978.

ETZIONI, A. *Organizações modernas*. São Paulo: Pioneira, 1972.

EVANS, M. G. Organizational behavior: the central role of motivations. *Journal of Management*, EUA, Dec. 1986.

EVANS-PRITCHARD, E. *Motivação*. Rio de Janeiro: Zahar, 1976.

FERNANDES, M. *Felicidade dá lucro*. São Paulo: Portfolio Penguin, 2015.

_____; GROYSBERG, B.; NOHRITA, N. Como segurar gente de alto potencial. *Harvard Business Review Brasil*, v. 89, n. 10, out. 2011.

FITZGERALD, T. H. Why motivation theory doesn't work. *Harvard Business Review*, Boston, July 1971.

Referências

GARCIA, L. F. *Empresários no divã*: como Freud, Jung e Lacan podem ajudar sua empresa a deslanchar. São Paulo: Gente, 2012.

GAZZANIGA, M. S.; HEATHERTON, T. F. *Ciência psicológica*: mente, cérebro e comportamento. Porto Alegre: Artmed, 2005.

GELDART, P. *In your hands*: the behaviors of a world-class leader. Guelf: Eagle's Flight, 2000.

GELLERMAN, S. W. *Motivação e produtividade*. São Paulo: Melhoramentos, 1976.

GELLI, F.; ZANINI, M. T. *O zeitgesit e a nova bússola*. H.S.M. Management, Brasil, SP, n. 95, Ano 10, V. 6, novembro/dezembro 2012.

GEORGE, B.; SIMS, P. *Autenticidade*: o segredo do bom líder é ser fiel a seus princípios. São Paulo: Saraiva, 2012.

GINKA, T.; JEAN-LOUIS, B. *As armadilhas do líder*. H.S.M. Management, n. 94, setembro/outubro 2012.

GOLEMAN, D. *Foco*: a atenção e seu papel fundamental para o sucesso. Rio de Janeiro: Objetiva, 2014.

GONDIM, S. M. G.; SILVA, N. Motivação no trabalho. In: ZANELLI, J. C.; BORGES-ANDRADE, J. E.; BASTOS, A. V. B. *Psicologia, organizações e trabalho no Brasil*. Porto Alegre: Artmed, 2004.

GORDON, J. R. *A diagnostic approach to organizational* behavior. Boston: Allyn & Bacon, 1987.

GOTTLIEB, D. *Felicidade agora*: reencontre a sabedoria que nasceu com você e tenha uma vida plena. São Paulo: Gente, 2015.

GREENE, R. *Maestria*. Rio de Janeiro: Sextante, 2013.

_____. The satisfaction: performance controversy. In: SZILAGYI JR., A.; WALLACE JR., M. J. *Readings in organizational behavior and performance*. California: Goodyear, 1980.

HALL, C. S.; LINDZEY, G.; CAMPBELL, J. B. *Teorias da personalidade*. Porto Alegre: Artmed, 2000.

HAMMER, M. Auditoria de processos. *Harvard Business Review*, 2007.

HAMPTON, D. R. *Conceitos de comportamento na administração*. São Paulo: EPU, 1973.

HAMPTON, D.; SUMMER, C. E.; WEBBER, R. A. *Organizational behavior and practice of management*. Glenview: Scott, Foresman, 1968.

HECKHAUSEN, H. *The anatomy of achievement* motivation. London: Academic, 1967.

HERZBERG, F. One more time: how do you motivate employees. *Harvard Business Review*, Boston, 1968.

_____. Where is the passion and the other element of innovation? *Industry Week*, EUA, Nov. 1985.

_____. Overcoming the betrayals of the 80´s. *Industry Week*, EUA, July 1987.

_____. Seeking answers that motivate. *Industry Week*, EUA, Nov. 1984.

_____; MOUSNER, B.; SYDERMAN, B. *The motivation to work*. New York: John Wiley, 1964.

JORDAN, P. C. Effects of extrinsic reward on intrinsic motivation: a field experiment. *Academy of Management Journal*, New York, 1986.

KAFKA, V. W. A new look at motivation for productivity improvement. *Supervisory Management*, New York, 1986.

KANTER, R. M. *Empresas fora de série*: gestão da mudança para criar valor, inovação e crescimento. Rio de Janeiro: Elsevier, 2010.

Referências

_____. Mastering change. In: CHAWLA, S.; RENESCH, J. *Learning organizations*: developing cultures for tomorrow's workplace. Portland: Productivity Press, 1995.

KATCHER, A.; NEWMARK, L. S. *If we knew then, what we know now*: the power of possibilities for a longer, happier, and healthier life. Los Angeles: Cedefa, 2011.

_____; KNODT, G.; FORBIS, B. *Effective consultation whit the LIFO method*. USA: CreateSpace, 2015.

KATZ, D. The motivational basis of organizational behavior. In: SCOTT JR., W. E.; CUMMINGS, L. *Readings in organizational behavior and human performance*. New York: Holt & Rinehart, 1973.

KELLERMAN, B. *O fim da liderança*: como a liderança mudou e de que forma podemos resgatar sua importância. São Paulo: Elsevier, 2013.

KETS DE VRIES, M. F. R. *Reflexões sobre grupos e organizações*. São Paulo: DVS, 2014.

KIECHEL III, W. O século da administração. *Harvard Business Review Brasil*, 2012.

KOHN, A. Why incentive plans cannot work. *Harvard Business Review*, Boston, p. 54-63, Sept./Oct. 1993.

KLEIN, S. P. *Motivation*: biosocial approaches. New York: McGraw-Hill, 1982.

KOHLRIESER, G. *Refém na mesa de negociações*: como os líderes podem superar conflitos, influenciar os outros e aumentar o desempenho. Curitiba: Nossa Cultura, 2013.

KOTTER, J. P. *Liderando mudança*: um plano de ação do mais notável especialista do mundo em liderança nos negócios. Rio de Janeiro: Campus, 1997.a

LABIER, D. Irrational behavior in bureaucracy. In: KETS DE VRIES, M. F. R. (Ed.). *The irrational executive*: psychoanalytic studies in management. Madison: International Universities Press, 1985.

LAGACHE, D. *A psicanálise*. 2. ed. São Paulo: Difel, 1961.

LANDESBERG, M. *O Tao da motivação*: como inspirar a si mesmo e aos outros. São Paulo: Cultrix, 1999.

LAWER, E. E. *Motivation in work organizations*. Belmont: Wadswart, 1983.

LAWRENCE, P. R.; LORSCH, J. W. *O desenvolvimento das organizações*: diagnóstico e ação. São Paulo: Edgard Blucher, 1972.

LEVY-LEBOYER, C. *A crise das motivações*. São Paulo: Atlas, 1994.

_____. *Le bilan de compétences*. Paris: Les Éditions d'Organisation, *1996*.

LEVINSON, H. Assassin attitudes toward motivation. *Harvard Business Review*, Boston, Jan./Feb. 1973.

LEWIS, S. *O poder do fracasso*: como a capacidade de enfrentar as adversidades e se superar é fundamental para o sucesso. Rio de Janeiro: Sextante, 2015.

LIKERT, R. Motivation approach to management development. *Harvard Business Review*, Boston, July/Aug. 1959.

LIPKIN, N.; PERRYMORE, A. *A geração Y no trabalho*: como lidar com a força que influenciará cultura na empresa. Rio de Janeiro: Elsevier, 2010.

LOCKE, E. A. Personnel attitudes and motivation. *Annual Review of Psichology*, 1959.

LOPES, T. V. M. *Motivação no trabalho*. Rio de Janeiro: Fundação Getulio Vargas, 1980.

LORD, R. G.; HANGES, J. A. A control system model in organization motivation: theorical development applied implications. *Behavioral Science*, Baltimore: General Systems Foundation, v. 23, n. 3, July 1987.

Referências

LOWE, S. *Extraordinária mente*: transforme sua maneira de pensar e conquiste o sucesso profissional. São Paulo: Gente, 2015.

MACCOBY, M. *Perfil de águia*: dirigir empresas, uma nova arte. Rio de Janeiro: Difel, 1977.

_____. The human side: motivating technical people I. *Research Management*, USA, p. 42-43, Jan./Feb. 1987.

_____. _____ II. *Research Management*, USA, p. 43-44, Jul./Aug. 1987.

_____. _____ III. *Research Management*, USA, p. 45-46, Nov./Dec. 1987.

MASLOW, A. *Motivation and personality*. New York: Harper & Row, 1970.

McCLELLAND, D. *The achievement motive*. New York: Appleton-Century-Crofts, 1953.

_____. Achievement motivation can be developed. *Harvard Business Review*, Boston, Nov./Dec. 1965.

_____; BURNHAM, D. H. Power is the great motivator. *Harvard Business Review*, Boston, 1976.

MCGREGOR, D. *O lado humano da empresa*. São Paulo: Martins Fontes, 1980.

MELTZER, H.; WICKERT, F. *Humanizing organizational behavior*. Springfield: Charles C. Thomas, 1976.

MELTZER, M. I., Pare de desmotivar seus funcionários. *HSM Management*, São Paulo, n. 30, 2006.

MINARIK, E. *Motivation individuelle*: clé du succès de l'entreprise. Paris: Les Éditions d'Organisation, 1987.

MINER, J. B. *Psicologia de pessoal*. Rio de Janeiro: A Casa do Livro, 1972.

_____. Personnel attitudes and motivation. *Annual Review of Psychology*, USA, 1973.

_____. *Theory of organization motivation in the functioning of complex organizations*. Massachusetts: Gun & Hain, 1981.

_____. *Theory of organization*: motivation in the functioning of complex organizations. Massachusetts: Gun & Hain, 1981.

MINERBO, M.; MARQUES, O. H. D. Liberdade (possível) e responsabilidade. *Conhecimento prático filosofia*, v. 28, p. 47-54, 2011.

MITCHELL, T. R. Organizational behavior. *Annual Review of Psychology*, USA, n. 30, 1982.

PORTER, L. W.; LAWLER, E. E. What job attitudes tells about motivation. *Harvard Business Review*, Boston, Jan./Feb. 1968.

RABAGLIO, M. O. *Ferramentas de avaliação de performance com foco em competência*. Rio de Janeiro: Qualitymark, 2010.

RETHLINGSAFER, D. *Motivation as related to personality*. New York: McGraw-Hill, 1963.

RIFKIN, J. *O fim dos empregos*: o declínio inevitável dos níveis dos empregos e a redução da força global de trabalho. São Paulo: Makron Books, 1996.

ROCHE, W. J.; MACKINNON, N. L. Motivating people with meaningful work. *Harvard Business Review*, Boston, May/June 1970.

RONDEAU, A. La relation superieur subordonné: un módele diagnostique. *Revue Québecoise de Psychologie*, Montréal, v. 7, n. 1.2, 1986. *La motivation au travail*: ou en sommes-nous? Montréal: École des Hautes Études Commerciales, 1987.

SHIFT, J. *Um mundo sem empregos*: os desafios da sociedade pós-industrial. São Paulo: Makron Books, 1995.

SHUMAN, G. New motivational strategies to pursue. *Management Solutions*, New York, Jan. 1987.

Referências

SIMS, H. P. J.; LORENZI, P. *The new leadership paradigm: social learning and cognition in organizations*. London: Sage, 1992.

SKINNER, W. Que sont devenues nos fidèles employés. *Harvard L'Express*, Paris, n. 24, Printemps, 1982.

SMITH, P. B.; PETERSON, M. F. *Liderança, organização e cultura*. São Paulo: Pioneira, 1994.

THOMAS, K. W. *A verdadeira motivação*: descubra os 4 elementos capazes de fortalecer o envolvimento dos seus funcionários para sempre. Tradução de Thereza Ferreira Fonseca. Rio de Janeiro: Elsevier, 2010.

ULLRICH, R. A. *Motivation ethods that work*. New Jersey: Prentice Hall, 1981.

VEROFF, J.; BIRCH, D. *Motivação*. São Paulo: Herder, 1970.

WHERRY, R. J.; SOUTH, J. C. A work motivation scale. *Personnel Psychology*, n. 30, 1977.

ZALESNIK, A. Dinamique de la subordination. *Harvard Business Review*, Boston, 1965.

ROTAPLAN
GRÁFICA E EDITORA LTDA

Rua Álvaro Seixas, 165
Engenho Novo - Rio de Janeiro
Tels.: (21) 2201-2089 / 8898
E-mail: rotaplanrio@gmail.com